唤醒6~12岁孩子的

根据"ICME国际数学教育理念"编写，给孩

U0622905

越玩越聪明的

158个发散
思维游戏

刘荔 ◎ 编著

中华工商联合出版社

图书在版编目（CIP）数据

越玩越聪明的158个发散思维游戏 / 刘荔编著. ——
北京：中华工商联合出版社，2019.10
ISBN 978-7-5158-2578-6

Ⅰ.①越… Ⅱ.①刘… Ⅲ.①智力游戏 Ⅳ.
①G898.2

中国版本图书馆CIP数据核字（2019）第206544号

越玩越聪明的158个发散思维游戏

作 者	刘 荔
选题策划	关山美
责任编辑	关山美
封面设计	北京聚佰艺文化传播有限公司
责任审读	于建廷
责任印制	迈致红
出版发行	中华工商联合出版社有限责任公司
印 制	唐山富达印务有限公司
版 次	2020年1月第1版
印 次	2022年2月第2次印刷
开 本	880mm×1230mm 1/32
字 数	160千字
印 张	6.5
书 号	ISBN 978-7-5158-2578-6
定 价	30.00元

服务热线：010—58301130   工商联版图书
销售热线：010—58301130   版权所有 侵权必究
地址邮编：北京市西城区西环广场A座
　　　　　19—20层，100044
http：//www.chgslcbs.cn   凡本社图书出现印装质量
E-mail：cicap1202@sina.com（营销中心）问题，请与印务部联系
E-mail：gslzbs@sina.com（总编室）   联系电话：010-58302915

目录 CONTENTS >>>

第1关 家庭情况

某警局的卷宗上记录,每 100 个男嫌犯中有 85 人已婚,70 人有电话,75 人有汽车,80 人有自己的房子。

现以 100 个男嫌犯为基数,试问,每 100 个男嫌犯中拥有电话、汽车与住房的已婚男嫌犯至少有多少人?

第2关 投资问题

甲、乙两个人一起开了一家工厂,甲当初投入的资金是乙投入的资金的 1.5 倍。后来,丙也要入伙,他拿出了 250 万元投资。这时,甲、乙、丙想让他们三个人占有的股份相等,所以决定将这 250 万元由甲、乙两个人分了。

请问,他们应该如何分这笔钱?

发散思维游戏

第3关 钻石

一位老财主有许多钻石，为了向别人炫耀自己的财富，他想用自己淘到的钻石制成世界上绝无仅有的无价之宝。

他决定，第一天从保险箱里取出一颗钻石；第二天，取出六颗钻石，镶嵌在第一天那颗钻石的周围；之后的每天都增加一圈钻石，并且增加的钻石数量比前一天多六颗。这样做七天之后，他制作出了一个巨大的钻石制品。

请问，这块无价之宝上一共有多少颗钻石？

发散思维游戏

第4关 军事情报

威尔逊司令截获了一份秘密情报。经过初步破译得知，下月初，敌军将分东西两路再次发动进攻。在东路集结的部队人数为"ETWQ"，从西路集结的部队人数为"FEFQ"，东西两路的总兵力为"AWQQQ"。现在只知道东路人数大于西路人数。

你知道敌军东西两路的总人数是多少吗？

发散思维游戏 ## 第 **5** 关 智取宝石

在一个 2 米见方的地毯中央，有一个竖立的瓶子，瓶口上放了一颗硕大的宝石，小米探腰也不能取得宝石。

小米能在不踩到地毯也不借助别的工具的情况下，拿到宝石吗？

发散思维游戏 ## 第 **6** 关 能用的子弹

三个人到森林里打猎，三个人平均分配所有的子弹。在每人射击四次后，三人所剩子弹总数和分配时每人所得的子弹数相等。

请问，分配时有多少发子弹？

第**7**关 牛奶和咖啡

有一杯牛奶和一杯咖啡，用勺子先从牛奶杯里舀一勺牛奶，倒入咖啡杯中，搅拌均匀。然后，再舀一勺混合的咖啡牛奶倒入牛奶中，再搅拌均匀。

请问，是牛奶杯中的咖啡多，还是咖啡杯中的牛奶多？

第**8**关 报错的时钟

王先生帮朋友修理钟摆时钟。修理完毕时，时间刚好是 12 点整，这时时钟已经能正常走动了。可是，过了三个小时后再看，时钟只走了 15 分钟。

时钟并没有停，请问，为什么会发生这种事情呢？

发散思维游戏

第 **9** 关 生日

A、B、C、D、E 五个人的生日是挨着的。

A 的生日比 C 的生日早的天数，正好等于 B 的生日比 E 的生日晚的天数。

D 比 E 大两天。

C 今年的生日是星期三。

请问，其他四个人的生日都是星期几？

发散思维游戏

第 **10** 关 乘火车

在火车票还没有实行实名制时，有三位乘客在火车票代售点各自订了一张火车票，分别去往不同的方向。

甲是上海人，乙是北京人，丙是广州人。他们三个人一个去上海，一个去北京，一个去广州。送票的人把火车票送来时，他们故意开起了玩笑。甲说他不想去上海，乙说他不想去广州，丙说他既不去北京也不去广州。

你知道这三张火车票怎么分配吗？

第11关 爬山

几个伙伴一起去爬山。

甲（男生）说："我是咱们几个人中最高的。女生数是比我矮的男生数的两倍。"

乙（女生）说："我是咱们几个人中最矮的。男生数和比我高的女生数相同。"

你知道到底有几个男生和几个女生去爬山了吗？

第12关 电话线路

某地区的六个小镇之间的电话线路还很不完善。

A 镇同其他五个小镇之间都有电话线路；

B 镇、C 镇只与其他四个小镇之间有电话线路；

D 镇、E 镇、F 镇只与其他三个小镇之间有电话线路。

如果在 A 镇安装电话交换系统，那么六个小镇之间就可以互相通话。在此之前，两个小镇之间必须安装上直通线路才能互相通话。

现在已知 D 镇可以打电话到 F 镇。请问，E 镇可以打电话给其他哪三个小镇？

发散思维游戏

第 **13** 关 比赛

庙会上玩游戏的摊位摆着九个罐子，每个罐子上面都标有一个数字，从 1 到 9，互不重复，三个、三个摆在一起。

每人可以打三枪，每枪只可以打落一个罐子。如果一枪打落两个或两个以上的罐子就算失败。

玩家打掉第一个罐子后，这个罐子上的数字就是他得到的分数；

玩家打掉第二个罐子后，这个罐子上的数字的 2 倍就是他得到的分数；

玩家打掉第三个罐子后，这个罐子上的数字的 3 倍就是他得到的分数。

三枪得分之和正好是 50 分即算获胜。

请问，玩家应该打掉哪三个罐子？按什么顺序打？

8	10	7
10	7	9
7	9	8

第 14 关 音乐转灯

有一盏音乐转灯的设计很独特。在中心红光外面包有七层圆筒，每层圆筒上都有七个五角星图案，当七层圆筒上的五角星排成一条直线时，中心红光可以透出五角星的图案。如果开始时七个五角星是对齐的，然后七层圆筒一起转动，但转速不一样：每分钟第一层转一圈，第二层转两圈，第三层转三圈，第四层转四圈，第五层转五圈，第六层转六圈，第七层转七圈。

请问，至少需要多长时间，可以透出五角星图案？

第 15 关 有多少女人

有个奇怪的村子，一共有 100 个人，有男有女。男人说真话，女人说假话。

一天，一位游客到这个村子问村民："你们村子一共有多少个女人哪？"

第一个村民说有一个，第二个村民说有两个，以此类推，第 100 个村民说有 100 个。

那么，这个村子里到底有多少个女人呢？

第**16**关 谁受伤了

甲、乙、丙、丁、戊五个人都非常喜欢马。一天，他们五个人结伴到马场骑马。不幸的是，他们当中有个人因为马受惊了而受了伤。

A. 甲是单身汉。

B. 伤者的妻子是丁的妻子的妹妹。

C. 戊的女儿前几天生病住院了。

D. 乙目睹了整个事故发生的过程，决定以后都不再骑马了。

E. 丁的妻子没有外甥女也没有侄女。

请问，你可以通过以上信息判断一下是谁受伤了吗？

第 17 关 等公交车

有三个同学外出看电影，他们要乘一辆公交车回学校，但他们等了好久，车都没有来。

这时，甲的想法是站在那里继续等车。

乙的想法是往前走一站，到下一个站等车，因为等的时间已经可以走到下一站了，这样可以早点回学校。

丙的想法是乘坐对面的车往回走一站，到前一个站点乘车。

三人谁也说服不了谁，于是，他们按照各自的想法行事。

请问，他们三个人中谁先到达学校？

第18关 你知道比赛结果吗

学校举办象棋比赛，最终有A、B、C、D、E五个人进入决赛。按照比赛规则，他们将进行循环赛，也就是每位选手都要与其他四位选手比赛一场。没有平局，其中四位选手的比赛战果如下所示。

1. A两胜两败

2. B零胜四败

3. C一胜三败

4. D四胜零败

请问，你能判断出来E的比赛情况吗？

第19关 分玩具熊

八个孩子分36个玩具熊，A（女孩）得到一个，B（女孩）得到两个，C（女孩）得到三个，D（女孩）得到四个。

E（男孩）得到的玩具熊和他妹妹得到的一样多。

F（男孩）得到的玩具熊是他妹妹得到的三倍。

G（男孩）得到的玩具熊是他妹妹得到的三倍。

H（男孩）得到的玩具熊是他妹妹得到的四倍。

请问，你能猜到四个女孩分别是谁的妹妹吗？

第20关 不同的爱好

四个人在一次聚会上，大家聊着自己的爱好。

第一位男士说："韩小姐喜欢保龄球。"

第二位男士说："我喜欢乒乓球，但我不是赵先生。"

第三位女士说："有一位男士喜欢足球，但不是王先生。"

第四位女生说："孙小姐喜欢羽毛球，但我不喜欢。"

请问，你能判断出他们分别喜欢什么体育项目吗？

第21关 高个子

有四个小孩，在一起比个子，他们没有一样身高的。

甲说：四个人中乙最高。

乙说：四个人中丙最高。

丙说：我不是最高的。

丁说：甲比我高，丙比甲高。

他们四个人中有一个人说了假话。

请问，你知道谁最高吗？他们的身高是怎样排序的？

第22关 铅笔问题

小赵的铅笔比小钱的铅笔多，小孙的铅笔比小李的铅笔多，小李的铅笔不如小周的铅笔多，小钱的铅笔和小周的铅笔一样多。

有以下四种判断，请问，哪种判断是正确的？

A. 小孙的铅笔比小周的铅笔多

B. 小钱的铅笔比小孙的铅笔少

C. 小孙的铅笔比小赵的铅笔多

D. 小赵的铅笔比小李的铅笔多

第23关 吃西瓜比赛

某地举行吃西瓜比赛，邀请了五对兄弟参加。每项比赛，每对兄弟都要派出一人参加。

第一项参赛的是：A、B、C、D、E。

第二项参赛的是：F、B、A、D、G。

第三项参赛的是：C、H、A、I、F。

第四项参赛的是：B、A、E、G、H。

J 因故没有参加任何比赛。

根据以上信息，请你分析一下，谁和谁是兄弟？

第 **24** 关 商店

步行街两旁并排开了六家商店，分别是 A、B、C、D、E、F。现在，知道以下信息：

1. A 店的右边是书店；

2. 书店的对面是花店；

3. 花店的隔壁是面包店；

4. D 店的对面是 E 店；

5. E 店的隔壁是冷饮店；

6. E 店跟书店在街的同一侧。

请问，A 是什么店？

第 **25** 关 君子与小人

理想国有两种人，一种是君子，只讲真话；一种是小人，只讲假话。

如果你到了这个地方，遇到了甲、乙两个人。

甲告诉你说："或者我是小人，或者乙是君子。"您能判断出甲和乙的身份吗？

第26关 失物招领

甲、乙、丙、丁、戊一起来到失物招领处。在那里，他们各自找回了自己丢失的一件东西。待领的东西有两副手套（一副红的，一副蓝的）、一顶蓝色的帽子、一件带彩色花纹的运动衫和一双黑色的运动鞋。现在有以下几条线索。

1. 乙和丁找回的东西上面都带有红色。

2. 甲和丁各自找回了一副手套。

3. 丙是回家时唯一一个手上没有拿着东西的人。

请问，他们各自找回了什么东西？

第27关 别墅

有三户人家合租了一幢别墅居住。这三户人家都是三口之家：爸爸、妈妈和孩子。

三位爸爸的名字：老张、老王、老李。

三位妈妈的名字：丁香、李平、杜丽。

三个孩子的名字：美美（女孩）、丹丹（女孩）、壮壮（男孩）。

现在只知道老张和李平家的孩子都参加了学校的女子篮球队；老王的女儿不叫丹丹；老李和杜丽不是一家人。

你能分析出每家人的成员名字吗？

第28关 特别的城镇

有个城镇只有一家便利店、一家打折商店和一家邮局。每个星期中只有一天全部开门营业。

1. 每星期这三家店各开门营业四天。

2. 这三家店没有一家连续营业三天。

3. 这三家店星期日都休息。

4. 在连续的六天中：

第一天，　　打折商店停止营业；

第二天，　　便利店停止营业；

第三天，　　邮局停止营业；

第四天，　　便利店停止营业；

第五天，　　打折商店停止营业；

第六天，　　邮局和便利店停止营业。

有个外来人想在一天之内去便利店、打折商店和邮局。他应该在星期几出门？

第29关 相遇的蚂蚁

有两只蚂蚁在地下通道相遇。通道很窄，一次只能过一只蚂蚁。幸好，通道一侧有一个凹处，但是里面被一颗小石子占据了，把它移出来又占据了通道。

你认为两只小蚂蚁可以双双通过这个狭窄的通道吗？

第30关 过河

有一队士兵来到河边，准备过河。但是这条河上的桥已经毁坏，河水又很深。就在大家为过河的事情一筹莫展的时候，军官忽然看见有两个小孩儿正在河边的一条小船上玩耍，可是这条船实在太小了，它每次只能载一名士兵或两个小孩，这样还是没有办法渡过这条河。

就在这时，军官灵机一动，想出了一个办法，后来全队士兵用这个方法顺利地利用这条小船渡过了河。

那么，你知道他们是如何利用小船过河的吗？

发散思维游戏

第31关 比较瓶子的大小

有两个瓶子，一个细高，一个粗矮，在没有量杯的情况下，你能用最简单的方法尽快知道哪个瓶子的容积更大吗？

发散思维游戏

第32关 测灯泡的体积

爱迪生在发明制造了第一个灯泡之后，继续研究如何提高灯泡的质量，延长使用寿命。有一天，爱迪生想研究一下灯泡的体积与灯泡的质量有没有关系。要想弄清这个问题，就必须测量出灯泡的体积，以检测它们的发光强度和使用时间有什么不同。

爱迪生让助手去测量一下灯泡的体积。他的助手接受任务后就忙着测量灯光的直径、高度，然后再算出灯泡的体积。但由于灯泡形状很不规则，所以算了很长时间也没有算出来。但是爱迪生只用了几分钟，就把灯泡的体积测出来了。

你知道爱迪生是如何测出灯泡的体积吗？

第33关 用桶分油

有两只体积、形状、重量相等的油桶，一只装有一些油，一只没装任何油。

在没有任何称量工具的情况下，如何让两桶里的油重量相等？

第34关 找假币

有十堆银币，每堆十枚。已知一枚真币的重量，也知道每枚假币比真币多1克，而且还知道这里有一堆全是假币，可以用一架台式盘秤来称克数。

请问，最少需要称几次才能确定出哪堆是假币？

第35关 总是输

从前，两个人赌钱，一个小孩前去看热闹。赌钱的规则是：一个人说一句话，如果另外一个人不相信的话，就要给说话的人10个铜板。

两个人中一个总是输钱，一个人总是赢钱。小孩看不过去，就决定帮输钱的人一把，他每次只对赢钱的人说一句话，赢钱的人就回答不相信，并且给了小孩10个铜板。

你知道小孩说的那句话是什么吗？

第36关 羊、狼和白菜

一个人要带一只羊、一只狼和一颗白菜过河。但他的小船只能容下他以及羊、狼和白菜的三者之一。

如果他带白菜先走，则留下的狼就会把羊吃掉；如果他把狼带走，留下的羊就会把白菜吃掉。只有当人在的情况下，白菜、羊和狼才能相安无事。

请问，这个人如何才能把它们都带过河去？

第 37 关 桶量游泳池的水

一天，国王把阿凡提叫到皇宫，想出难题考考他。他问阿凡提："你知道王宫前面的水池里共有几桶水吗？"这个问题显然不好回答。但聪明的阿凡提想了一会儿就回答出了令国王满意的答案。

你知道阿凡提是如何用桶来量游泳池的水吗？

第 38 关 强渡危桥

一天，上级派甲、乙、丙、丁连夜赶赴外地，去执行任务。不料，途中雷雨交加、天昏地暗，又遇到了一座危桥。由于时间紧迫，四人决定冒险过桥。

他们四人手中只有一把手电筒可用来照明，同一时间只能有两人走在危桥上，否则桥就会倒塌。

四人过桥所需时间：

甲 1 分钟、乙 2 分钟、丙 5 分钟、丁 10 分钟。

他们如何在 17 分钟内安全渡过这座危桥？

第39关 儿子和马

一位农场主在死前立下遗嘱，要把自己的马匹分给他的儿子们。他给老大的是一匹马和余数的1/7；给老二的是两匹马和余数的1/7；给老三的是三匹马和余数的1/7；给剩下的孩子的马匹数依次类推下去。最后，他就这么把马全部分给了儿子们。

那么，这位农场主共有几个儿子，几匹马？

第40关 有几个人

在一间房子里，有几张三条腿的凳子和四条腿的椅子，并且它们都有人坐。

如果数出房间里有39条腿，那么是否就有可能算出有几张凳子、几把椅子和几个人呢？

第**41**关 储蓄罐

三枚 5 角硬币和三枚 1 元硬币分别存放在三只小猪储蓄罐中，每只只存两枚。虽然每只储蓄罐上都标有其存放的金额，第一只 20 角，第二只标有 15 角，第三只标有 10 角，可每只储蓄罐上的金额都标错了。

如果只允许你从其中某一只储蓄罐里倒出一枚硬币，那么，从这枚硬币你能知道它们各自存放的金额吗？

第**42**关 哪个体积大

在一个正方体的塑料方盒中，放入完全相同的小球，能放四层，每层放 16 个，放入后刚好到盒子的边缘。

再取来另一个相同的塑料盒，只放入一个正好装入这个盒子的大球。

你认为哪个盒子中装的球的体积大呢？

发散思维游戏

第43关 失踪的正方形

把一张方格纸贴在纸板上。

按图1画上正方形，然后沿图示的直线切成5小块。当你照图2的样子把这些小块拼成小正方形的时候，中间居然出了一个洞！

图1的正方形是由49个小正方形组成的。图2的正方形却只有48个小正方形。哪一个小正方形没有了？它到哪里去了？

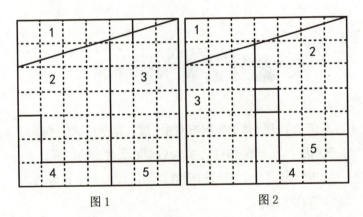

图1　　　　　　　　图2

发散思维游戏 第 **44** 关 笼中鸽

有个人想把 50 只鸽子分别装进 10 个鸽子笼里养。他别出心裁地计划让这 10 个鸽子笼中所养的鸽子数完全不同。

请问，他能实现这个计划吗？

发散思维游戏 第 **45** 关 能及时赶回去吗

周末，有三个同学出去玩，但是按学校规定他们必须得在晚上 11 点前赶回宿舍。

他们玩得太高兴了以至于忘记了时间。当发现的时候，已经是晚上 10 点 8 分。他们离学校有 10 千米的距离。如果跑着回去需要 1 小时 30 分钟，如果骑自行车回去要 30 分钟。但他们只有一辆自行车，并且自行车只能带一个人，所以必须有一个人要跑着。

那么，请问他们能及时赶回去吗？

第46关 身后的彩旗

甲、乙、丙、丁四人坐在一张方桌的四面，每人身后放着一面红色或黄色的彩旗，他们都能看到别人身后的彩旗，但看不到自己身后的彩旗。

丁问："你们每人看到了什么颜色的彩旗？"

甲说："我看到了三面黄色的彩旗。"

乙说："我看到了一面红色的彩旗和两面黄色的彩旗。"

丙说："我看到了三面红色的彩旗。"

这三个人的回答中，身后放黄色彩旗的人说了假话，而身后放红色彩旗的人说了真话。请问，谁的身后有红旗？

第**47**关 他的困惑

他正在给女朋友解释他的存款："你看，我最初在银行的存款是 10000 元。然而我取了六次款，这六次的取款额加起来是 10000 元。可是按照我的记录，在银行里我只有 9900 元可取。"

他的女朋友接过了他递过来的数据，上面写着：

取款额	存款余额
5000	5000
2500	2500
1000	1500
800	700
500	200
200	0
=10000	=9900

"你看"，他继续说道："我怎么好像欠了银行 100 元钱。"

他的女朋友看完数据后笑了："我赞赏你的诚实，但是我实在是怀疑你的智商。你根本不欠银行的钱。"

"那么是数据有错？"

"你的数据也没有错。"

他茫然："那到底是差在哪里呢？"

发散思维游戏

第48关 "抢30"

大黑和小白玩一种叫作"抢30"的游戏。游戏规则很简单。

第一个人从1开始，顺序报一个数或两个数，也就是说他可以只报1，也可以报1、2，但是不能报1、2、3，至多只可以报两个数，当然，也不可以一个数都不报。

第二个人接着第一个人报的数报下去，但至多也只能报两个数，比方说第一个人报的是1，则第二个人可以报2，也可以报2、3；如果第一个人报了1、2两个数，则第二个人可以报3，也可以报3、4。

接下来仍由第一个人接着报，如此轮流下去，规定谁先报到30谁胜利。

大黑很大度，每次都是让小白先报，但每次都是大黑胜利。小白觉得这其中一定有陷阱，于是坚持要大黑先报，结果几乎每次还是大黑胜利。

你知道大黑胜利的策略是什么吗？

第49关 最佳路线

如图所示，在一条河边住着两户人家。一天，B家不慎失火，A家发现后，立即提上水桶，打上河水去救火。

请问，A应该选择什么样的路线才是最佳救火路线呢？

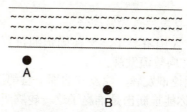

第50关 特工的心机

联邦调查局曾规定，所有特工都必须严格控制体重，一旦被发现他们大腹便便，过于肥胖，肯定会招致一番训斥。

有一次，一位特工将被提拔为特警队负责人，局长安排好要接见他，但是这位特工比较胖，怎么才能免去一番训斥呢？最后他想出了一个主意。结果接见当天，局长不但没有训斥他，反而对他连连夸奖。

你知道这位特工的策略是什么吗？

第51关 一轮牌

A、B、C三人打牌，很快三人就打完了一轮牌。其中每盘只有一个赢家。

（1）谁首先赢了三盘，谁就是这一轮牌的赢家；

（2）没有人能连续赢两盘；

（3）A是第一盘的发牌者，但不是最后一盘的发牌者；

（4）B是第二盘的发牌者；

（5）三人围着桌子，坐在固定的位置上，并且按照顺时针的方向轮流发牌；

（6）无论谁发牌，他发牌的那一盘都没赢。

那么，你能推断出是谁赢了这一轮牌吗？

第52关 选拔赛

甲喜欢打乒乓球，球艺也很好。他刚转到了一所新的学校，在这所学校里有两个乒乓球尖子，他们是乙和丙。其中乙的球艺高于丙。

为了要推荐一人去参加乒乓球比赛，学校组织他们三人举行一场选拔比赛。比赛分三场举行，由甲分别对乙和丙。并规定如果甲能连胜两场，就作为校方代表参加区里的比赛。至于对手的安排，可从乙－丙－乙，或者丙－乙－丙两个方案中由甲挑选。

为了取得这次选拔比赛的胜利，甲应挑选哪一个比赛方案才会有胜算？

发散思维游戏

第 **53** 关 取棋子的策略

准备 21 颗棋子，左边放 10 颗，右边放 11 颗，如图所示。

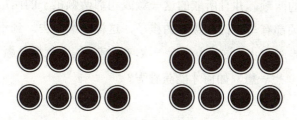

现小红和小明两人轮流取棋子，规则如下：可以从左边一堆或右边一堆中取出一颗、几颗直到整个一堆；如果从两堆中同时取的话，必须取出同样多的颗数。谁能取得最后一颗或数颗棋子为胜利者。

如果这场比赛小红要赢的话，她该如何取才会获胜？

发散思维游戏 第**54**关 最后一次

　　把一些圆形棋子放成环形（如图所示），让其互相紧密接触。两人轮流从中取棋，每次都只能取一颗或相邻的两颗，并且所取的这一颗或相邻两颗棋子的两边，必须都有与它们相接触的棋子，这样继续下去，到不能取走时为止。这时，最后一次取得棋子的人就算是赢了。

　　想一想，如何才能获胜呢？

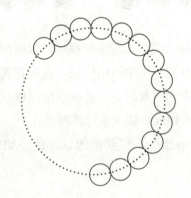

第 **55** 关 一猜即中的游戏

首先，让你的朋友在心中任意默想一个自然数。然后请他依顺序按下列要求进行计算：把默想的数乘 2；所得的积加 8；所得的和乘 5；所得的积加 10；所得的和乘 5。最后，让你的朋友把计算的结果告诉你。

根据这一结果，你就能在几秒钟内准确无误地确定你朋友心中默想的数字。你知道这是如何做到的吗？

第 **56** 关 最多能喝几瓶汽水

汽水一元一瓶，喝完后两个空瓶换一瓶汽水。

请问，你有 15 元钱，最多可以喝到几瓶汽水？

第 **57** 关 分金条

工人工作七天，报酬是一根金条。这根金条被平分成相连的七段，在每天结束的时候工人得到一段金条。

如果只允许将金条截断两次，那么应该怎样截断这根金条？

第 **58** 关 过桥

一家人在天黑的时候抵达了一座桥边，他们一家必须要走过这座桥才能回家，但是过桥必要有灯。哥哥手里刚好有一盏灯，但是它最多只能燃烧 30 分钟，30 分钟之后就会熄灭。

现在哥哥过桥要用 1 分钟，弟弟要用 3 分钟，爸爸要用 6 分钟，妈妈要用 8 分钟，爷爷要用 12 分钟。这一家应该怎样过桥？

发散思维游戏

第59关 律师的推理

一天，汉克农场的记账员在出纳室被谋杀了，他右手握着一支笔，倒在大门前的地上，大门上有 MN 两个字母，是记账员临死前用手中的笔写的。出纳室的地上散落着很多文具用品，仓库里边的钱也被抢光了，凶手大概是在记账员工作的时候进来的，记账员是在向门口逃去时，被杀手追上杀死的。

门上的字一定是记账员被害前写下了凶手姓名的第一个字母。这字母透露出是黑人莫利斯·纽曼干的，他的姓名前两个字母是 MN。纽曼太太见丈夫被捉，觉得很冤枉，因为凶案发生时，他们夫妻俩都在农场工作。她想到有位律师是保护黑人的，就去找这位律师代为辩护。律师思考一番后，从农场的工人里找出一个名叫尼吉·瓦得逊的人。这个人平时爱赌博、爱喝酒，品行很不好。律师对他说："是你杀死记账员的！""胡说，你有什么证据？"律师说："记账员在门板上写了 MN 两个字母。"

"MN 是那个黑人，我的名字是 NW！"林肯笑着说，"案发当时，你在哪里？"接着做了一番推理，让尼吉·瓦得逊无言以对，终于承认了自己是凶手。

你知道这位律师是怎么推理的吗？

第60关 秘密通道

一天，经理让戈赫他送一幅画到一位绅士家里。这个绅士性情古怪，一直过着独居生活。上个月，戈赫曾经把画家米勒的《播种的人》的复制品给他送去。

戈赫来到绅士家里，见大门开着，就径直走了进去。他听见从卧室里传来一阵阵痛苦的呻吟声，便冲了进去。只见一位警察被击倒在地，而那个绅士不知到哪里去了。"秘密的……从洞里……逃走……"地上的警察费力地用手指了指床底下。戈赫往床下看看，那里有个像盖板一样的东西，估计那个绅士是从这里逃走的。"盖板的开关……米勒……"警察说着就咽气了。戈赫钻到床下，想把盖板揭开，可是盖板却纹丝不动。

警察不是说起米勒吗？这大概指的是米勒的那幅画，这正是上个月他送来的《播种的人》的复制品，是不是与盖板有关呢？戈赫就把这画取了下来，看了看画框和画后面的墙壁，都不见有什么开关。为了寻找盖板的开关，戈赫仔细地搜遍了房间里的每一个角落。当他在一架钢琴及钢琴的四周搜寻的时候，突然若有所悟，打开钢琴按了两个键。果然，床下的盖板启动打开了。原来盖板下面是一个洞，绅士把警察打伤后从这洞里通过下水道逃走了。

你知道秘密通道是怎么找到的吗？

第**61**关 血写的 X

日本东京市中心有一家小旅馆，虽然只有 15 个房间，但是由于紧邻风景区，所以生意很红火。但是有一天，住在 10 号房间的一个意大利游客在这家旅馆被谋杀了。令人奇怪的是，警方发现在他的手掌下有个血写的"X"。当时他们很不解。经验丰富的警长随后赶到，根据这一线索对旅馆进行了搜查，并立刻抓到了真凶。

你知道这个血写的"X"提供了什么线索吗？

第**62**关 破解密函

保安局少尉捉到一名间谍，从他身上搜到了一份密函。密函全文如下："A 老师：就援助贵校球队出外比赛一事，明天 9 时请与领队到我家详谈。"受过特工训练的少尉，很快就破解了间谍携带的这份密函。

你知道它的真正内容是什么吗？

发散思维游戏

第 **63** 关 怪盗的预告函

美术馆有一批印象派大师的名画，将在 5 月 14 日展出，它们是：《泉》《向日葵》《火种》《秋的恶作剧》《古镇》《堕落天使》《彩虹》和《自画像》。

但在展出前一星期，也就是 5 月 5 日星期六的上午，美术馆突然收到怪盗的预告函。研究了一上午，美术馆的馆长也不知上面写的是什么，于是带着预告函去请教侦探。侦探看了半天，决定把预告函告示全市，请全市的所有人一起来帮忙破解。

以下就是怪盗的预告函：

乘着康乃馨的祝福，绅士一刻间，就偷走大地之子的礼物，潘多拉的魔盒。

怪盗基德

5 月 5 日

那么，请你试着解开谜底吧！

第**64**关 报警的数字

这天傍晚，比利夫人在妹妹家里刚住了一天，管家就打电话让她赶快回家。她刚进家门，电话就响了，听筒内传来一个陌生男人的声音：

"你丈夫比利现在在我们手里。如果你希望他继续活下去，就快准备 40 万美元，你要是去报警，可别怪我们对比利不客气！"

比利夫人听罢，险些瘫坐在地上。她思来想去了一整夜，觉得还是应该去报警。

波特警长接到电话后，立即驾车来到比利家的别墅。首先，他去询问管家。管家说："昨天晚上来了个戴墨镜的客人，他的帽檐压得很低，我没看清他的脸。看样子他和先生很熟，一进来先生就把他领进了书房。过了一个小时，我见书房里毫无动静，就推门进去，谁知屋里空无一人，窗子是开着的，我就给夫人打了电话。"

波特走进书房查看，没有发现什么线索。他又看了看窗外，只见泥地上有两行脚印，从窗台下一直延伸到别墅的后门外。看来，绑匪是逼迫比利从后门走出去的，波特转回身又仔细看了看书房，发现书桌的台历上写着一串数字：7891011。波特警长想了想，问比利夫人："你丈夫有个叫杰森（JASON）的朋友吗？"她点了点头，波特说："我断定杰森就是绑匪。"果然，波特从杰森家的地窖里救出了比利，杰森因此锒铛入狱。

你知道波特为什么根据那串数字，就断定杰森是绑匪吗？

第**65**关 拔河比赛

学校举行拔河比赛，所有学生分为甲、乙、丙、丁四个小组。

当甲、乙两组为一方，丙、丁两组为另一方的时候，双方势均力敌，不相上下。

但当甲组与丙组对调以后，甲、丁一方就轻而易举地战胜了丙、乙一方。

然而，分组较量时，甲、丙两组均负于乙组。

这四组中，哪组的力气最大？

第**66**关 说反话的外星人

A星球和B星球是正好相反的两个星球。A星球上男的都说谎，女的都说真话；而B星球上女的都说谎，男的却说真话。麻烦的是，A星球人和B星球人长得一模一样，男女之间外表上也没有区别。

当A星球人和B星球人混杂在一起的时候，请分别通过一次提问：①区分A星球人与B星球人；②区分男性与女性；③辨别讲真话的人。但是，由于是外星人，不适合问像"1加1等于2"这种客观真伪的问题。

第67关 确定时间

　　有两根不均匀分布的香，它们烧完的时间都是一个小时，那么你能用它们来确定一段 15 分钟的时间吗？

第68关 问的学问

　　国王把一个外乡人和两个奴隶关在同一间房子里，并告诉他："这间房子有两扇门，从一扇门出去可以获得自由，从另一扇门出去只能沦为奴隶。这两个奴隶，一个从来不说假话，另一个却从来不说真话。"

　　说完，转身就走了。外乡人事先根本不知道从哪扇门出去可以获得自由。这间房子里只有两个奴隶知道门的秘密。按照国王的规定，这个外乡人只能向其中一个奴隶询问，只能提一个问题，而且他不知道两个奴隶中哪一个是说真话的。

　　你知道这个外乡人用什么方法才使自己重新获得自由吗？

第69关 谁去完成任务

在甲、乙、丙、丁、戊五个人中要抽调若干人去完成某项任务，但要同时符合下列条件：

1. 丁、戊两人至少要去一人；

2. 乙、丙两人只要去一人；

3. 如果戊去，甲、丁就都去；

4. 丙和丁要么两人都去，要么两人都不去；

5. 假如果甲去，那么乙也去。

请问，到底谁被抽调出来去完成任务呢？

第70关 正确答案

有A、B、C三个人回答同样的七个是非题。按规定：凡答案是"是"，就打上一个○；答案是"非"，就打上一个×。结果发现，这三个人都答对了五道题，答错了两道题。A、B、C三人所答的情况如下表所示。

	1	2	3	4	5	6	7
A	×	×	○	×	×	×	○
B	○	×	×	×	×	○	○
C	○	○	○	○	×	○	○

你知道这七道题目的正确答案是什么吗？

第71关 谁拿了谁的伞

发散思维游戏

一天，甲、乙、丙、丁、戊五个人聚会。由于下雨，他们每个人带了一把雨伞。聚会完回到家后，每个人都发现自己拿回来的雨伞是别人的。现已知：

1. 甲拿回去的雨伞不是丁的，也不是乙的；

2. 乙拿回去的雨伞不是丁的，也不是丙的；

3. 丙拿回去的雨伞不是戊的，也不是乙的；

4. 丁拿回去的雨伞不是丙的，也不是戊的；

5. 戊拿回去的雨伞不是丁的，也不是甲的。

另外，还发现没有两个人互相交换了雨伞（例如甲拿乙的，乙拿甲的）。

请问，甲拿回去的雨伞是谁的？甲的雨伞又被谁拿去了？

发散思维游戏

第**72**关 星期几去的

几个人刚爬山回来，但他们忘记今天是星期几了，于是聚在一起讨论。

张三：后天是星期三。

李四：不对，今天是星期三。

王五：你们都错了，明天是星期三。

赵六：今天既不是星期一也不是星期二，更不是星期三。

刘七：我确信昨天是星期四。

孙八：不对，明天是星期四。

周九：不管怎样，昨天都不是星期六。

他们之中只有一个人说对了，是谁呢？那今天到底是星期几？

第73关 箱子里的东西

有四个箱子，每个箱子上写着一句话。

第一个箱子上写着"所有的箱子中都有凶器"；

第二个箱子上写着"本箱子中有卷宗"；

第三个箱子上写着"本箱中没有遗物"；

第四个箱子上写着"有些箱子中没有凶器"。

如果其中只有一句真话，那么下面哪一句话成立？

1. 所有的箱子中都有凶器。

2. 所有的箱子中都没有凶器。

3. 有些箱子中没有凶器。

4. 第三个箱子中有遗物。

5. 第二个箱子中有卷宗。

第74关 对号入座

开始聚餐了，有 A、B、C、D、E、F 六个人坐在一张圆桌上。已知 E 与 C 相隔一人，且在 C 的右侧（如图所示），D 坐在 A 对面，F 与 A 不相邻，B 在 F 的右侧。

A、B、D、F 各坐在什么位置？

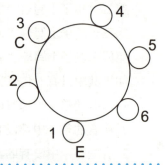

第75关 不合格的罐头

有 10 箱罐头，每箱 20 瓶，每瓶重 1000 克。由于工作人员的失误，有一箱罐头每瓶都少装了 50 克。

现在要求只准打开九箱罐头，并且只称一次，将那箱不合格的罐头找出来。

请问，你知道该怎样做吗？

第**76**关 水面上的绳梯

在一艘轮船上，向水面垂吊着一个绳梯。现在，水面正好在第九磴处。

假如海水以每小时 40 厘米的高度不断上涨，那么 2 小时后水面该在绳梯的第几磴处？（绳梯磴与磴间的距离是 30 厘米）

第**77**关 握手

甲、乙、丙、丁和戊一起参加会议。

开会前他们相互握手问好。

甲和四个人都握了手；

乙和三个人都握了手；

丙和两个人握了手；

丁只和一个人握了手。

你能知道戊和哪几个人握手了吗？

发散思维越玩越聪

第**78**关 谁举手了

老师把四名学生在房间里，站立位置如图所示，A和B之间有面墙。老师告诉他们，每人头顶上有顶帽子，共两黑两白，不能回头，不能说话，谁先能知道自己头上的帽子是什么颜色？过了一会儿，有位学生举手了。请问是谁？

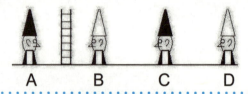

A   B   C   D

发散思维越玩越

第**79**关 计算面积

从这个三角形三个顶点各引一条直线与其对边的三等分点相交，这种直线叫作西瓦线，为了纪念意大利著名数学家乔万尼·西瓦。这三条线把三角形分成7个区域，每个区域的面积都是总面积的1/21的整数倍。

你能计算出各区域的面积吗？

第 **80** 关 各得多少分

甲、乙、丙、丁四个人打靶，如图所示靶盘上的1、3、5、7、9，表示打中该靶每个区域的具体得分。

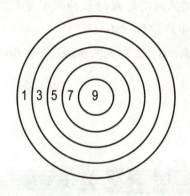

甲、乙、丙、丁四个人各打六次，每次都打中了该靶。最后四个人对自己的分数是这样说的。

甲说：我只得了 8 分。

乙说：我一共得了 56 分。

丙说：我共得了 28 分。

丁说：我得了 27 分。

你认为他们说的得分情况可能吗？如果可能的话，请说出他们每次打中的分数；如果不可能，请说明理由。

发散思维游戏

第81关 年龄的秘密

A、B、C 三个人的年龄一直是一个秘密。

将 A 的年龄数字的位置对调一下，就是 B 的年龄；

C 的年龄的两倍是 A 与 B 两个年龄的差数；

而 B 的年龄是 C 的 10 倍。

你知道 A、B、C 三人的年龄各是多少吗？

发散思维游戏

第82关 填颜色

仔细观察下图，想一想图中的空白圆圈应该填上什么样色？

第**83**关 左脚还是右脚

皮鞋店的老板将三双同款式的高档皮鞋弄散，分别装进标有"左左""右右""左右"的箱子里。但是，这些标签和箱子里的鞋子完全不符。

你能否只打开一个箱子，并从中取出一只鞋子，然后猜出全部箱子里的鞋子是左脚的还是右脚的？

第**84**关 找翻译

现有A、B、C三国语言完全不同的代表召开一个国际会议，这就需要懂A、B国和懂A、C国及B、C国语言的翻译各一名。如果代表国从A国增加到E国，则有五个完全不同语言的代表参加会议。

那么，在尽可能减少翻译人数并使会议进行下去的条件下，请问，至少需要几名翻译？要求每位翻译只懂两国语言。

第**85**关 谁偷了奶酪

有四只小老鼠一块出去偷食物（它们都偷食物了），回来时族长问它们都偷了什么食物。

老鼠 A 说："我们每个人都偷了奶酪。"

老鼠 B 说："我只偷了一颗樱桃。"

老鼠 C 说："我没偷奶酪。"

老鼠 D 说："有些人没偷奶酪。"

族长仔细观察了一下，发现它们当中只有一只老鼠说了实话。那么下列的评论正确的是哪个？

1. 所有老鼠都偷了奶酪。

2. 所有的老鼠都没有偷奶酪。

3. 有些老鼠没偷奶酪。

4. 老鼠 B 偷了一颗樱桃。

第86关 猜颜色

　　有三朵红头花和两朵黄头花。将五朵花中的三朵花分别戴在 A、B、C 三个女孩的头上。这三个女孩中，每个人都只能看见其他两个女孩子头上所戴的头花，但看不见自己头上的花朵，并且也不知道剩余的两朵头花的颜色。

　　问 A："你戴的是什么颜色的头花？"

　　A 说："不知道。"

　　问 B："你戴的是什么颜色的头花？"

　　B 想过一会儿之后，也说："不知道。"

　　最后问 C，C 回答说："我知道我戴的头花是什么颜色了。"

　　C 是在听了 A、B 的回答之后而做出推断的。那么，C 戴的是什么颜色的头花？

第87关 五人的成绩

A、B、C、D、E 五个人是同班同学，刚刚参加完五门科目的考试。每门科目的最高成绩为 5 分，最低为 1 分。他们的成绩情况如下所示。

（1）五人的总分各不相同，而且在同一门科目中，也没有分数相同的人。但是，每个人都有一门科目的成绩是五个人当中最好的。

（2）如果按照总得分数进行名次排列的话，A 为第一名，往后依次为 B、C、E、D。

（3）A 的总分为 18 分，B 的总分比 A 少 2 分。

（4）A 的历史成绩最好，而 B 的语文成绩最好，但是 B 的地理和英语均排在第三名。

（5）C 的地理成绩最好，数学成绩第二，历史成绩第三。

（6）D 的数学成绩最好，英语成绩第二。

关于 E 的成绩，老师只字未提。那么，五个人的各个科目成绩分别是多少？总分是多少？

发散思维游戏

第**88**关 快慢不同的手表

有两只手表，一块手表 1 小时慢 2 分钟，另一块 1 小时快 1 分钟。

当走得快的表和走得慢的表相差 1 小时时，这期间是多长时间？

发散思维游戏

第**89**关 买外套

小白羊、小黑羊、小灰羊一起上街各买了一件外套。三件外套的颜色分别是白色、黑色、灰色。回家的路上，一只小羊说："我很久以前就想买白外套，今天终于买到了！"说到这里，好像是发现了什么，惊喜地对同伴说："今天我们可真有意思，白羊没有买白外套，黑羊没有买黑外套，灰羊没有买灰外套。"小黑羊说："真是这样的，你要是不说，我还真没有注意这一点呢！"

你能根据他们的对话猜出小白羊、小黑羊和小灰羊各买了什么颜色的外套吗？

第90关 他们有多大

某客车上的甲、乙、丙三位乘客，分别和车上的三个乘务员（司机、售票员、检票员）的年龄相同。现在只知道：

1. 甲今年 26 岁；

2. 检票员昨天下棋输给了与甲同岁的乘务员；

3. 乙今天是回天津老家去的，和乙同岁的乘务员碰巧又是他同乡；

4. 司机的年龄是他女儿年龄的四倍，她现在在家乡江苏上小学。

丙的年龄比司机的女儿大 30 岁。

请问，司机今年多大年龄？售票员和哪位乘客同岁？

第**91**关 开关和灯泡

有两间房间，一间有三个电灯，另一间有三个电灯开关。每个开关能打开一盏灯。

如果只可以进这两个房间各一次，那要如何知道哪个开关控制那盏灯？

第**92**关 喝可乐

有一杯可乐。当喝完一半时，又兑满凉开水；又喝去一半时，再次兑满凉开水；又经过同样的两次重复，最终喝光了。

请你计算一共喝了多少杯可乐？

第 **93** 关 虫子啃书

书架上并排放着一套线装古书，分为第一卷和第二卷。假设这两卷书的书页厚度都是 4 厘米，封皮、封底的厚度都是 3 毫米。

请问，假如有一只虫子从第一卷的第一页开始啃书，直至啃到第二卷书的最后一页，那么，这只虫子一共啃了多长的距离？

第 **94** 关 眼力如何

有两组数字，分别为：

9 1 2 3 4 5 6 7 8
8 9 7 6 5 4 3 2 1

请问，能否一眼就看出哪一组数字之和大？

第 **95** 关 遗书

从前有个农夫，死时留下几头牛，在他的遗书上写道：

"妻子：分给全部牛的半数再加半头；

长子：分给剩下的牛的半数再加半头；

次子：分给还剩下的牛的半数再加半头；

长女：分给最后剩下的半数再加半头。"

结果是一头牛也没杀，也没有剩，正好全部分完。请问农夫死时留下几头牛？

第 **96** 关 翻牌

有六张扑克牌，全部反面朝上地扣在桌子上。已知其中有两张且只有两张是 K，但是你不知道 K 在哪个位置上。

现在请你随便取两张并把它们翻开，你认为下面哪种情况出现的可能性比较大？

（1）两张牌至少有一张是 K；

（2）两张牌中没有一张是 K。

第 97 关 四枚硬币

小明和小军打赌。

小明说："我向空中扔四枚硬币。如果它们落地后全是正面朝上，我就给你 10 元钱。如果这四枚硬币全是反面朝上我也给你 10 元钱。但是如果它们落地时是其他情况，那你就得给我 5 元钱。"

你认为小军会和小明打这个赌吗？

第 98 关 硬币的问题

假设你有三枚个硬币，一枚一面正面一面反面，一枚两面都是正面，一枚两面都是反面。它们都在同一枚口袋里。

你从中取出一枚放到桌子上，不去看它，请问，它两面相同的概率是多少？

发散思维挑战

第**99**关 找数字

游艺会上，年近半百的刘老师提来一块黑板，黑板上画着两张图表。刘老师说："请同学们在图1里面，任意记住一个数字，告诉我它在第几行，再告诉我图2里它是第几行，我就可以知道它是什么数字了。"一连几个同学站起来问，都被刘老师说对了。

大家很纳闷，你知道刘老师是怎么找到的吗？

图1

1	10	9	21	4	5
2	6	16	3	19	25
3	17	1	8	22	18
4	2	23	12	11	7
5	14	20	15	13	14

图1

图2

1	24	7	18	25	5
2	13	11	22	19	4
3	15	12	8	3	21
4	20	23	1	16	9
5	14	2	17	6	10

图2

发散思维游戏

第100关 布置彩旗

节日快到了，大家都忙于布置装饰每个场地。小区里的大十字路口，有一座四方形的建筑物，居民们打算将它的四面都插上彩旗，可是，所剩的彩旗总共只有12面了。

起初，他们按计划的方法布置，就是说，不论从十字路口的哪个方向来看，都能看见这座建筑物上飘扬着的四面彩旗。

后来，他们重新考虑了一下，决定改变布置方法，让每一个方向都能看见五面彩旗，甚至还有人提出另一种布置方法，能使每一个方向上都能看见五面彩旗。当然，彩旗的总数仍是12面。

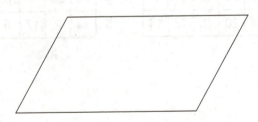

请你动动脑筋，这两个方案应该是怎样进行呢？

第**101**关 十字架

在下图中有十个圆圈，横向五个，纵向六个。

现在可移动两个圆圈，使纵横两个序列，每列都包括六个圆圈。

你知道该怎么做吗？

第**102**关 从规律中找到得数

A.

$11^2=121$

$111^2=12321$

$1111^2=1234321$

$11111^2=123454321$

$111111^2=$

$1111111^2=$

$11111111^2=$

$111111111^2=$

B.

$6^2=36$

$66^2=4356$

$666^2=443556$

$6666^2=44435556$

$66666^2=4444355556$

$666666^2=444443555556$

$6666666^2=$

$66666666^2=$

$666666666^2=$

$6666666666^2=$

第103关 最后的弹孔

　　有一天，著名的侦探 L 先生接到报警，说当地一位有名的富翁 K 被枪杀了，L 先生立刻赶往现场。K 富翁是站在他家的窗边时，被突然从窗外飞进的子弹击中的。L 先生发现凶手的枪法极为不准，因为他打了四枪，最后一枪才命中。窗户的玻璃上留下四个弹孔。L 先生一看便知道最后一枪是哪一个弹孔。

　　你知道最后一枪的弹孔是哪个吗？

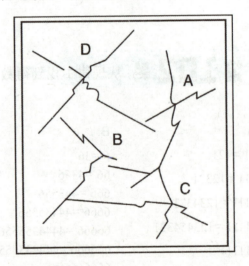

第**104**关 自鸣的磬

从前，有一个和尚，他的房间里收着一个磬。这个磬有时半夜三更或大白天突然发出响声。和尚以为是有人在捉弄他，十分惊慌。

一天，和尚的朋友来看望他，就在探望时，传来了寺院里敲钟的洪亮响声，这时，和尚房里的磬也跟着响了起来。和尚吓得面色惨白，浑身哆嗦。这位朋友一下就明白了，他找来一把锉，把磬上锉缺几处地方。从此以后，磬就不再自鸣了，和尚的病也好了。

你知道这个磬不敲自鸣的秘密在哪里吗？

第**105**关 多余的第四个

有四组物品：

（1）苹果、梨、西红柿、橘子；

（2）刮脸刀、剪刀、铅笔、铅笔刀；

（3）斧子、钉子、电锯、电钻；

（4）小号、小提琴、大号、萨克斯。

请问在这四组物品的每一组中，有无"多余的"第四个？为什么？

第**106**关 半张唱片

张三和李四都热衷于解难题，他们的最大乐趣就是彼此用难题难住对方，或难倒他们的朋友。

有一次，张三和李四经过一家唱片店。这时，张三问李四："你是不是还有西部乡村音乐的唱片？"

李四说："没有了，我把我唱片的一半和半张唱片给了小赵。"

李四接着说："然后我把我剩下的另一半，加上半张给了小吴。"

李四："这样我就只剩下一张唱片了，如果你能说出原来我有几张唱片，我就把这最后一张送给你。"

张三真的被难倒了，因为他实在想不出这半张唱片有什么用处。你能帮他解决这个难题吗？

第107关 狄利克雷房间

有一个"狄利克雷房间分配法"的故事。

有一家旅店，共有12个房间，依次为1号、2号、3号……12号。

一天，来了13位客人，要求各自单独住一间房间。旅店老板思索了一番，想出一个满足大家要求的办法：他先让两个客人暂时住进1号房间里；然后把其余的客人按顺序依次分配。于是1号房间住进了两个人；3号客人住在2号房间；4号客人住在3号房间；5号客人住在4号房间……12号客人住在11号房间。最后，再把最先安排的13号客人从1号房间转到还空着的12号房间里。于是皆大欢喜，13位客人都满意地单独住进了12个房间里了。

请问这样的安排可能吗？

发散思维游戏

第108关 驯马师之死

清晨，海尔丁探长正在看骑手们跑马练习，突然马棚里冲出一个金发女郎，大叫着："快来人哪！杀人啦！"海尔丁急忙奔了过去。只见马棚里一个驯马师打扮的人俯卧在干草堆上，后腰上有一大片血迹，一根锐利的冰锥就扎在他腰上。

"死了大约有八个小时了。"海尔丁自语道："也就是说谋杀发生在半夜。"

他转过身，看了一眼正捂着脸的金发女郎盖尔小姐，说："噢，对不起，你袖子上沾的是血迹吗？"

盖尔小姐将骑装的袖口转过来，只见上面有一长道血印。"咦，"她脸色煞白，"一定是刚才在他身上蹭到的。我叫盖尔·德伏尔，他是彼得·墨菲。他为我驯马。"

海尔丁问道："你知道有谁可能杀他吗？"

"不，"她答道，"……也许是鲍勃·福特，彼得欠了他一大笔钱……"

第二天，警官告诉海尔丁说："彼得欠福特钱的确切数字是 15000 美元。可是经营渔行的福特发誓说，他已有两天没见过彼得了。另外经化验，盖尔小姐袖口上的血迹是死者彼得的。"

"我想你一定下手了吧？"海尔丁问。

"罪犯已经在押。"警官答道。

你是否能够通过推理找出罪犯呢？

第109关 —美元纸币

一家小店刚开始营业，店里只有三位男顾客和一位女店主。当这三位男士同时站起来付账的时候，出现了以下的情况：

（1）这四个人每人都至少有一枚硬币，但都不是面值为1美分或1美元的硬币；

（2）这四人中没有一人能够兑开任何一枚硬币；

（3）A男士要付的账单款额最大，B男士要付的账单款额其次，C男士要付的账单款额最小；

（4）每个男士无论怎样用手中所持的硬币付账，女店主都无法找清零钱；

（5）如果这三位男士相互之间等值调换一下手中的硬币，则每个人都可以付清自己的账单而无须找零；

（6）当这三位男士进行了两次等值调换以后，他们发现手中的硬币与各人自己原先所持的硬币没有一枚面值是相同的。

随着事情的进一步发展，又出现如下的情况。

在付清了账单而且有两位男士离开以后，留下的男士又买了一些糖果。这位男士本来可以用他手中剩下的硬币付款，可是女店主却无法用她现在所持的硬币找清零钱。于是，这位男士用1美元的纸币付了糖果钱，但是现在女店主不得不把她的全部硬币都找给了他。

请问，这三位男士中谁用1美元的纸币付了糖果钱？

（注：美国货币中的硬币有1美分、5美分、10美分、25美分、50美分和1美元这几种面值。）

发散思维游戏

第**110**关 生日会上的 12 个小孩

今天是小明 13 岁的生日。在小明的生日宴会上，包括小明共有 12 个小孩相聚在一起。每四个小孩同属一个家庭，共来自 A、B 和 C 这三个不同的家庭，当然也包括小明所在的家庭。

有意思的是，这 12 个小孩的年龄都不相同，最大的 13 岁，换句话说，在 1～13 这 13 个数字中，除了某个数字外，其余的数字都表示某个孩子的年龄。小明把每个家庭的孩子的年龄加起来，得到以下的结果。

家庭 A：年龄总数 41，包括一个 12 岁的孩子。

家庭 B：年龄总数 m，包括一个 5 岁的孩子。

家庭 C：年龄总数 21，包括一个 4 岁的孩子。

只有家庭 A 中有两个只相差 1 岁的孩子。

你能回答下面两个问题吗：

（1）小明属于哪个家庭？

（2）每个家庭中的孩子各是多大？

发散思维游戏

第111关 步行时间

　　某公司的办公大楼在市中心，而公司总裁的家在郊区一个小镇的附近。他每次下班以后都是乘同一次市郊火车回小镇。小镇车站离家还有一段距离，他的私人司机总是在同一时刻从家开出轿车，去小镇车站接总裁回家。由于火车与轿车都十分准时，因此，火车与轿车每次都是在同一时刻到站。

　　有一次，司机比以往迟了半个小时出发。总裁先生到站后，找不到他的车子，又怕回去晚了被老婆骂，便急匆匆沿着公路步行往家里走，途中遇到他的轿车正风驰电掣而来，立即招手示意停车，跳上车子后也顾不上埋怨司机，命其马上掉头往回开。回到家中，果不出所料，他老婆大发雷霆："你比以往足足晚回了20分钟！"。

　　你知道总裁先生步行了多长时间吗？

第112关 小偷的选择

从前，有两个小偷因偷窃被抓住并单独囚禁。警察分别告诉他们，如果不坦白自己与另一个小偷以前所做的违法之事，而另一个小偷坦白了，那么坦白的一方将被当场释放，不坦白的一方将被判刑 10 年；如果都坦白了，则都从宽判刑 5 年。但小偷也知道，如果他们都不坦白，因警察找不到其他证明他们以前犯罪的证据，则只能对他们现在的偷窃行为进行惩罚，各判刑半年。

这两个小偷将如何做出自己的选择？

第113关 残缺的棋盘

有一个 64 格的国际象棋棋盘和 32 个黑白分明的多米诺骨牌。

问：如果切除棋盘左下角和右上角各一格，使棋盘剩下 62 格，能否用 31 个骨牌覆盖这个残缺棋盘？

发散思维游戏

第114关 买油

A去油店买油,可这时偏偏赶上油店的电子秤坏了,还没有来得及修理。

A带了一个5斤的油瓶,要买4斤油,但是老板放油的桶是透明的圆柱状的,容量是30斤,而且里面只有22斤油,所以老板不知道该怎么给A倒油,才能使给A的油正好是4斤。

这时候,B走了进来,他也来买油,他带来一个可以盛4斤的油瓶,要买3斤油。老板看到这种情况,突然计上心来,借助A和B的油瓶,使两位顾客都买到了自己想要重量的油。

你知道这位老板是怎么做到的吗?

第115关 塔楼上的囚徒

古时，有 A、B、C 三人被人诬陷入狱，被囚禁在一座塔楼上。塔楼上除有一个窗口可用于逃离外，再无其他出路。

现在塔楼上有一个滑轮、一条绳索、两个筐子、一块重 30 千克的石头。不过在一个筐子比另一个筐子重 6 千克的情况下，两个筐子才可以毫无危险地一上一下。已知 A 体重 78 千克，B 体重 42 千克，C 体重 36 千克。

你知道这三个人是怎样借助塔楼上的工具逃离的吗？

第116关 取石块

甲和乙在玩一种游戏，游戏的规则是这样的：他们两个人找到 9 块石块，放在一起，然后双方开始轮流从中取出 1 块、3 块或者 4 块石块，谁能取得最后的石块，谁就获胜。

这个游戏是先取的人胜利还是后取的人胜利，为什么？

第**117**关 红颜色的"魔方"

如图所示，假设现在有一个所有的面都是红颜色的"魔方"。

请问，现在符合下列条件的小立方体各是多少块？

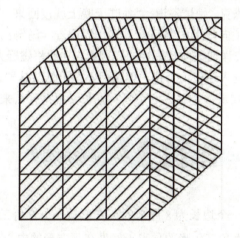

（1）三面是红颜色的小立方体。

（2）两面是红颜色的小立方体。

（3）一面是红颜色的小立方体。

（4）所有面都是红颜色的小立方体。

（5）所有面都不是红颜色的小立方体。

第**118**关 海边案件

这是发生在海边的案件。

一天早晨，汤姆的妻子还未起床，就听见一阵急促的敲门声，门外有人喊："玛丽，汤姆在家吗？"汤姆的妻子听到喊声，开门一看，是准备同丈夫合伙外出做生意的杰克。她忙答道："他昨天晚上就没回来。"然后，他们急忙向附近的警局报了案。经调查，汤姆已被人杀害。警长详细询问了事情的经过后，立即将嫌疑人逮捕。开始嫌疑人还极力否认，但最后不得不低头认罪。

你知道谁是杀人凶手吗？警长又根据什么来认定嫌疑人呢？

第**119**关 重叠的面积

有一个边长为 8 厘米的正方形与一个直角三角形相重叠。直角三角形的顶点正好处在正方形的中心点上。

请问，能否算出这两个图形的重叠部分的面积是多少？

发散思维训练

第120关 "神秘"的正方形

如图所示,有一个边长为21厘米的正方形(图1)。将其按图分成四块后,可以重新组合成边长分别为34厘米和13厘米的长方形(图2)。

重新组合的方法为:把直角三角形④拼在直角梯形①旁边,让有共同边8厘米所组成的两个直角相连接。于是便组成了边长为13厘米和34(13+21)厘米的直角三角形;再将与①、④同等面积的②、③也组成一个同等面积的直角三角形;最后将这两个同等面积的直角三角形拼成一个长34厘米、宽13厘米的长方形。

但是,正方形的面积为(13+8)×(13+8)=21×21=441(平方厘米)。

而长方形的面积为:13×(13+21)=13×34=442(平方厘米)。

长方形的面积比正方形的面积多出1平方厘米。

问:这个多出来的1平方厘米是从哪里冒出来的?

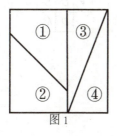

图1

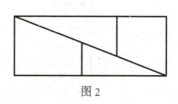

图2

第121关 字母方阵

问号处应为什么字母？

(1)

```
    L H
K Q   T R
P S   W X
    V W
```

(2)

```
    S V
T W   W U
R X   X Q
    S V
```

(3)

```
    T R
S W   X S
V W   X V
    U Q
```

(4)

```
    O R
D I   N H
V C   U B
    D M
```

(5)

```
    R U
W X   S O
W X   V K
    D T
```

发散思维游戏

第 **122** 关 字母与数字

表中的字母与数字存在某种对应关系，请根据这种对应关系判断问号处的数字。

K	16
Y	2
P	11
E	22
L	?

15	13	11
A	B	C

18	8	6
D	E	F

发散思维游戏

第 **123** 关 字母与数字

找出各组字母与数字间的联系，哪个选项可取代字母 W 旁的问号？

G	7
M	13
U	21
J	10
W	?

14	23	9
A	B	C

26	2	11
D	E	F

发散思维绝技

第124关 字母键盘

在 A~D 中，有一个字母键盘与其他三个"不同"，是哪一个？为什么？

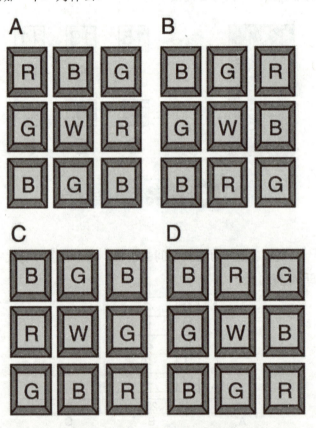

第**125**关 字母填空

请破解字母排列的规律，在"？"处填上正确的字母。

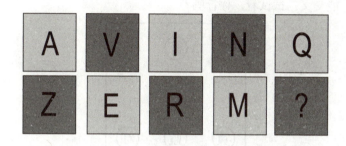

第**126**关 对调铅笔

图中有六支浅色铅笔，七支深色铅笔。沿虚线将图形剪开，将左下方的部分与右下方的部分对调，深浅铅笔数量会怎样变动？

第127关 三色连线

请你用线将相同的颜色连起来。要求线与线之间不能交叉。试试看，你行吗？

第128关 火柴游戏

图中是用12根火柴摆成的六个等边三角形。移动两根火柴，使它成为五个等边三角形。继续移动，图形会变成四个等边三角形、三个等边三角形、两个等边三角形。

三角形的大小可以不一样，但不能重复。你能做到吗？

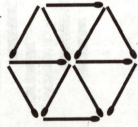

发散思维游戏

第129关 同学聚会

一次高中同学聚会上，甲、乙、丙三个要好的同学在各自的岗位上都做出了一些成绩，分别成为教授、作家和市长。另外还有一些关于他们的信息：

（1）甲、乙、丙三人分别毕业于英语系、化学系和中文系；

（2）三人中的作家称赞中文系毕业者身体健康；

（3）化学系毕业者请三人中的教授写了一个条幅；

（4）作家和化学系毕业者在一个城市工作；

（5）乙向英语系毕业者请教过留学方面的问题；

（6）高中毕业后，化学系毕业者、乙都没再和丙联系过。

那么，以下说法正确的是哪一项呢？

A. 丙是作家，甲毕业于化学系

B. 乙毕业于英语系

C. 甲毕业于英语系

D. 中文系毕业者是作家

发散思维游戏

第130关 网球对抗赛

有一个公司开展科室间的网球对抗赛，比赛形式是双打。人员可以同性搭配，也可以男女混合搭配。如果出现单数，允许重复上场。营业科王科长手下男性比女性少四个人，如果全员参加比赛，会出现重复上场的情况吗？

发散思维游戏

第131关 划拳比赛

将四人编为一组，共两个组八个人一起划拳，规定最后有一方即使剩下一个人也算是胜方。

为了提高获胜的可能性，应该采取什么样的作战方式才好？

发散思维趣味

第132关 谁是教授

阿一、阿二、阿三、阿四、阿五和他们的配偶参加了在情侣餐馆举行的一次大型聚会。这五对夫妇被安排坐在一张"L"形的桌子的周围，如图所示。

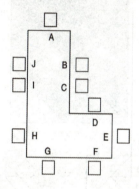

现已知：

1. 阿一的丈夫坐在阿四妻子的旁边；

2. 阿二的丈夫是唯一单独坐在桌子的一条边上的男士；

3. 阿三的丈夫是唯一坐在两位女士之间的男士；

4. 没有一位女士坐在两位女士之间；

5. 每位男士都坐在自己妻子的对面；

6. 阿五的妻子坐在教授的右侧。

（注："在两位女士之间"指的是沿桌子边缘，左侧是一个女士，右侧是另一个女士。）

你能准确判断出这些人中谁是教授吗？

发散思维游戏

第 **133** 关 快乐七巧板

在通常的七巧板中，一个正方形被割成七块。你能否用这七块拼出这里只给出轮廓的六个图形？

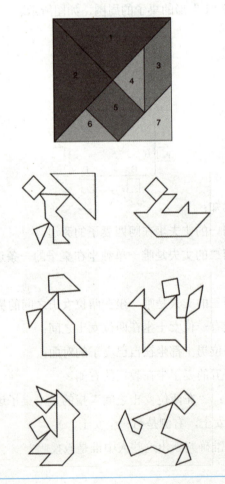

第134关 杯子游戏

现有十只杯子排成一行。左边五只杯子里装满水，右边五只杯子是空的。

在只动两只杯子的情况下，能否使这十只杯子变成有水杯子与无水杯子相互交错的一排？

第135关 聪明的司机

一位司机驾驶着小轿车会见朋友，半路上忽然有一个轮胎爆了。当他把轮胎上的四个螺丝拆下来，从后备厢里把备用轮胎拿出来时，不小心把四个螺丝踢进了下水道。但聪明的他依然把车子开了出去。

你知道他是怎么做的吗？

发散思维超级游戏

第 **136** 关　正方形的数量

老师举起一张纸，问学生上面一共有多少正方形。他们说出了正确答案"六个"。

老师再一次举起这张纸，问学生上面共有多少正方形。"八个"，他们答道。这回他们又答对了。

那么这张纸上到底有多少正方形？六个还是八个？

发散思维超级游戏

第 **137** 关　着色游戏

只能用红色或蓝色，将这些交点一个一个着上色。你能否完成整个图案，同时不让任意一条线上有四个颜色相同的点？

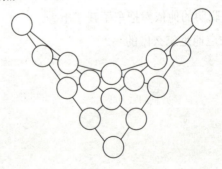

发散思维游戏 第 **138** 关 三人关系

A、B 和 C 有亲缘关系，他们之间没有不符合伦理道德常理的问题。已知他们的关系如下：

他们三人当中，有 A 的父亲、B 唯一的女儿和 C 的同胞手足；

C 的同胞手足既不是 A 的父亲也不是 B 的女儿。

他们中的哪一位与其他两人的性别不同？

发散思维游戏 第 **139** 关 飞离北极

一架飞机从北极点出发，往南飞行了 50 千米后又往东飞行了 100 千米。此时，飞机离北极点多远？

发散思维游戏

第140关 碗盛水果

如果你有三只不同的碗，你可以用几种不同的方法端上两种水果？

发散思维游戏

第141关 给绳子打结

一根绳子用左右手各握住绳子的一端，然后手再也不可以松开绳子，这样能否将绳子结成一个扣？

第142关 连连看

用三条不相交的线连接颜色相同的五角星，每个五角星的后面只能绕过一次。

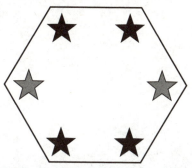

第143关 枪眼问题

许多很有趣的问题使用了边长比为2∶1的方块，就像多米诺骨牌一样。枪眼问题便是一个这样的题目。在该问题中，你必须找出一种方法，用2×1的方块构造出最多的1×1的洞眼。你能否在一个4×7的方格中放上10个2×1的方块，并构造出八个洞眼，每个都是1×1的？

发散思维游戏 第**144**关 筷子的妙用

三根竹筷三个碗，每两个碗之间的距离都大于筷子的长度，三个碗之间怎样才能用筷子连起来？

发散思维游戏 第**145**关 最大面积

图中的六个图形，哪个阴影面积最大？

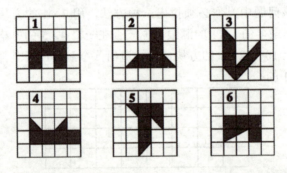

第146关 完成表格

期末考试后，班主任老师统计了班上最典型的四个人的成绩。

①有甲、乙、丙、丁、戊五个等级的评分，四个人中没有评为丁和戊的。

②有一人三科成绩都是甲。

③有一人某科成绩是甲，某科成绩是乙，某科成绩是丙。

④有两人两科相同科目的成绩都是甲。

⑤语文成绩中没有乙。

⑥C和D的语文成绩相同。

⑦A的数学成绩和D的英语成绩相同。

⑧B成绩中有一科是丙。

⑨C的英语成绩和B的数学成绩相同。

根据上面所述，完成下面的表格。

姓　名	语　文	数　学	英　语
A	丙		
B			乙
C		甲	
D		甲	

发散思维游戏

第147关 实习医生的一周

有三位实习医生甲、乙、丙，他们同时在一家医院中担任住院医生。

（1）一星期中只有一天三位实习医生同时值班。

（2）没有一位实习医生连续值班三天。

（3）任意两位实习医生在一星期中同一天休息的情况不超过一次。

（4）第一位实习医生在星期日、星期二和星期四休息。

（5）第二位实习医生在星期四和星期六休息。

（6）第三位实习医生在星期日休息。

你能推测出，三位实习医生在星期几同时值班吗？

发散思维游戏

第 **148** 关 三片馒头

　　妈妈决定今天晚餐给女儿做她最喜欢吃的煎馒头片。馒头片要想煎得好吃就要两面都煎 30 秒，妈妈有一个一次能煎两片馒头的平底锅，这样算来煎三片馒头最少需要两分钟，但是她却有一种方法让女儿只等 1 分 30 秒就能吃上美味的馒头片。

　　你知道妈妈是怎样做到的吗？

发散思维游戏

第 **149** 关 四 J 拼方

　　图中左边有四个 "J" 形纸片。想想看，它们可以拼成 A、B 中的哪个图形？

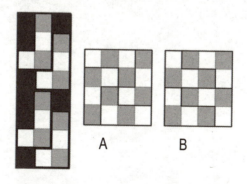

A　　　　B

第150关 三个珠宝箱

"请收我当您的徒弟吧，我十分想拜在您门下当徒弟。"某日，一个青年诚恳地对老师傅请求说。

"要想当我的助手，必须经过考试才行。先出个题考考你吧。"

老师傅说着拿出三个完全一样的珠宝箱，放到桌子上，箱盖上的标签上面写着钻石、红宝石、珍珠。

"可是，箱子里装的东西与外面的标签内容完全不同。现在不知道哪个箱子里装的是钻石，哪个里面是红宝石和珍珠，要想使箱外的标签与箱内的东西一致，你至少要打开其中的几个箱子才能搞清楚？如果你能答对，我就收你为徒。"

你知道至少要打开其中的几个箱子吗？

发散思维游戏

第 **151** 关 看守囚犯

一个狱卒负责看守人数众多的囚犯。吃饭时，他安排他们分别坐在几张桌子旁边。入座的规则：

1. 每张桌子坐着的囚犯人数都相同；

2. 每张桌子所坐的人数都是奇数。

在囚犯入座后，狱卒发现：

每张桌子坐 3 个人，就会多出 2 个人；

每张桌子坐 5 个人，就会多出 4 个人；

每张桌子坐 7 个人，就会多出 6 个人；

每张桌子坐 9 个人，就会多出 8 个人。

但当每张桌子坐 11 个人时，就没有人多出来。

那么，实际上一共有多少个囚犯？

第152关 小岛方言

一个晴朗的日子，一条船由于缺乏饮用水，在一个岛上靠了岸。这个岛上的人一部分总是说真话，另一部分总是说假话。可是，从表面上却无法将它们区分开来。他们虽然听得懂外来语，却只会说本岛方言。

船员们登陆后发现一眼泉水，可是，不知这里的水能不能喝。这时，恰巧碰到一个当地人，便问道："今天天气好吗？"当地人答道："呜呜哇哇。"再问："这里的水能喝吗？"当地人答道："呜呜哇哇。"已知"呜呜哇哇"这句话是岛上方言的"是"或"不是"中的一个。

你认为这里的水究竟能喝吗？

第153关 猜省份

对地理非常感兴趣的几个同学聚在一起研究地图。其中的一个同学在地图上标上了标号A、B、C、D、E，让其他的同学说出他所标的地方都是哪些省份。

甲说："B是陕西，E是甘肃。"

乙说："B是湖北，D是山东。"

丙说："A是山东，E是吉林。"

丁说："C是湖北，D是吉林。"

戊说："B是甘肃，C是陕西。"

这五个人每人只答对了一个省，并且每个编号只有一个人答对。

你知道A、B、C、D、E分别是哪几个省吗？

第154关 各是第几名

某学校举行了一场马拉松赛跑，A、B、C、D、E、F、G、H 共八人参加了比赛。比赛结束后，他们有这样一段对话：

A 说："B 得了第一名，G 不在我的前面。"

B 说："E 没有 G 跑得快，D 不在 H 的前面。"

C 说："H 不比我跑得快，F 不在 D 的前面。"

D 说："我得了第二名，C 不是最后一名。"

E 说："我不在 F 的前面，B 不在我的前面。"

F 说："A 得了第一或者第二名，E 不是第四名。"

G 说："有两人同时到达了终点，D 不在我前面。"

H 说："A 不在我的前面，B 不在 D 的前面。"

这八名运动员每人都讲了两种情况。据一位观看了这次比赛的人说，在他们讲述的这 16 种情况中，只有一种是正确的。

请问，哪一种是正确的？这八名运动员分别得了第几名？

发散思维超级训练

第155关 水果的顺序

在一个集市的水果摊上，有人把20种水果并排放成了两排。下列各句中的"在左边""在右边"指的是在同一行，"在前面""在后面"指的是在另一行的相对位置。

葡萄在柠檬和芒果的右边，芒果在油桃的左边，油桃的后面是木瓜。

樱桃在草莓的后面，在李子的右边，在柿子的左边。

柿子在枇杷的右边，枇杷在杏子的左边。

橘子在梨的右边，在李子的左边，李子在桃的右边，桃在樱桃的左边，在橘子的右边。

橙在梨的前面，在西瓜和香蕉的左边，香蕉在黑莓的左边，黑莓在西瓜的右边，西瓜在草莓和香蕉的左边。

树莓在柠檬的左边，柠檬在黑莓和草莓的右边，草莓又在香蕉的右边，在树莓和芒果的左边，芒果在柠檬的右边。

油桃在葡萄的左边，葡萄在树莓的右边，树莓在草莓的右边。

木瓜在石榴的左边，石榴在枇杷的右边。

枇杷在樱桃的右边，在柿子的左边，柿子在杏子的左边。

你能根据上面的信息，把各种水果排成合适的顺序吗？

第 **156** 关 猫和鸽子

赵、钱、孙、李和陈五个单身老头是鸽子迷，每人都有一只心爱的鸽子。另有五个单身老太太是养猫迷，每人都有一只宠猫。猫对鸽子是严重的威胁。

后来，这五对老人分别结了婚，这给了老头们控制老伴的猫以保护自己的鸽子的机会。然而，结果是，他们之中虽然每对老夫妻自己的猫和鸽子之间相安无事，但最终还是每只猫都吃掉了一只鸽子，每位老头都失去了自己心爱的鸽子。

赵夫人的猫吃了某位老先生的鸽子，而这位老先生正是和吃了陈老先生的鸽子的猫的主人结了婚。

赵老先生的鸽子是被钱夫人的猫吃掉的。

李老先生的鸽子是被某位老太太的猫吃掉的，而这位老太太正是和被孙夫人的猫所吃掉的鸽子的主人结了婚。

请问，李夫人的猫吃了谁家的鸽子？

第157关 野炊分工

兄弟四人去野炊，他们一个烧水，一个洗菜，一个淘米，一个担水。

老大不担水也不淘米；

老二不洗菜也不担水；

老三不担水也不淘米；

如果老大不洗菜，那么老四就不担水。

你知道他们是怎么分工的吗？

第158关 谁是冠军

A、B、C、D、E、F六人参加一场比赛。赛前，有三个人猜测比赛结果。

甲："冠军不是A，就是B。"

乙："冠军不是C，就是D。"

丙："D、E、F绝不是冠军。"

结果证明，三个人中有一人的猜测是正确的。那么，谁是冠军？

第 1 关 家庭情况

至少 10 个人。

以 100 个男嫌犯为基数，那么每 100 个男嫌犯中：

15 人未婚；

30 人没有电话；

25 人没有汽车；

20 人没有自己的住房。

15+30+25+20=90（人）

有可能这 90 个男嫌犯各不相同，这就意味着，有老婆、电话、汽车、房子的男嫌犯至少有 10 人。

第 2 关 投资问题

甲得 200 万元，乙得 50 万元。

250 万元买 1/3 的股份，则总投资为 250÷1/3=750（万元）。

由于甲的股份是乙的 1.5 倍，所以甲出资 450 万元，乙出资 300 万元。

三位合伙人占有的股份相等，即都是 750÷3=250（万元），那么，甲应该得到 450-250=200（万元），乙应该得到 300-250=50（万元）。

第3关 钻石

127颗钻石。

计算七天的钻石总数，即钻石总数 =1+6+12+18+24+30+36=127（颗）。

答案

第4关 军事情报

总人数为 14000 人。

E=7，W=4，A=1，F=6，T=2，Q=0，7240+6760=14000。

分析发现，Q+Q=Q，或 Q+Q=10+Q，得到 Q=0。

那么，只能是 W+F=10，T+E+1=10，E+F+1=10+W，即 A=1。

得到：W+F=10，T+E=9，E+F=9+W。

则 2W=E+1 ，即 E 是单数。

另有，E+F>9，F>0，E>F，所以得出 E=7。则 W=4，F=6，T=2。

第 5 关 智取宝石

把地毯卷起来，卷到瓶子附近时，就可以伸手拿到宝石了。

第 6 关 能用的子弹

刚分配时有 18 发子弹。

分配子弹后，三人共消耗了 3×4=12（发）子弹。

假设 x 是子弹的总数，得到 x-12=x/3，则 x=18。

第7关 牛奶和咖啡

一样多。

第8关 报错的时钟

王先生修时钟时，把时针和分针装反了。

第9关 生日

A 的生日是星期一；B 的生日是星期四；D 的生日是星期日；E 的生日是星期二。

答
案

第 10 关 乘火车

甲去广州，乙去北京，丙去上海。

丙既不去北京又不去广州，那么他一定去上海。乙不去广州，那么乙去北京。甲去广州。

第 11 关 爬山

三个男生，四个女生。

假设有男生 x 人，有女生 y 人，则：

2（x-1）=y

x=y-1

得出，x=3，y=4。

第 12 关　电话线路

　　E 镇可以打给 A、B、C 镇。

　　分析题意可知，B 镇和 C 镇不可互相通话，所以，B 镇可与 A、D、E、F 镇通话，C 镇可与 A、D、E、F 镇通话。那么，能与 E 镇通话的就是 A、B、C 镇。

第 13 关　比赛

　　先打掉右边的 7 号，然后打掉左边的 8 号，最后打右边的 9 号。

　　第一枪得 7 分，第二枪得 8×2=16（分），第三枪得 9×3=27（分），总分 7+16+27=50（分）。

第 14 关 音乐转灯

一分钟。

一分钟后，七个圆筒各自转了整数圈，所以一定是对齐的。在每一个整分钟时都会对齐。

第 15 关 有多少女人

这个村子里有 99 个女人。

第一个人如果是男人，这个男人说的是真话，那么村子里就只有一个女人。那么和之后的 99 人说的话矛盾。所以第一个人是女人。以此类推，直到第 99 个是男人，他说的是真话。

第16关 谁受伤了

丙受了伤。

根据信息 A，甲不是伤者。

根据信息 B，丁不是伤者

根据信息 B、C、E，戊不是伤者。

根据信息 D，乙不是伤者。

综上所述，丙是伤者。

答
案

第17关 等公交车

甲先到达或者同时到达。

如果回学校的公交车，是在乙到达下一个站点，丙到达前一个站点才来时，他们三人最终会在同一辆公交车上，同时到达学校。

如果乙（丙）在到下（前）一个站点前，公交车就到达的话，甲会先乘车到达学校。

第 18 关 你知道比赛结果吗

E 是三胜一败。

由于每位选手都要与其他四人比赛一场，所以他们一共会比赛 10 场。其中，四位选手一共获胜七场，说明 E 胜利了三场（没有平局的情况），也就是失败了一场。

第 19 关 分玩具熊

A 是 H 的妹妹，B 是 G 的妹妹，C 是 E 的妹妹，D 是 F 的妹妹。

E 得到三个玩具熊，F 得到 12 个玩具熊，G 得到 8 个玩具熊，H 得到三个玩具熊。

第 20 关 不同的爱好

第一位男士是赵先生，他喜欢足球；第二位男士是王先生，他喜欢乒乓球；第三位小姐是孙小姐，她喜欢羽毛球；第四位是韩小姐，她喜欢保龄球。

第 21 关 高个子

乙最高。乙＞丙＞甲＞丁。

乙和丙说的话矛盾。如果乙说的是假话，那么，根据甲说的，乙是最高的。根据丁说的，丙第二高，甲第三高，丁最矮。

如果丙说的是假话，那么甲和乙说的都是真话，但是互相矛盾，所以丙说的不是假话。

第 22 关 铅笔问题

D。

根据题意，小赵（的铅笔数，以下省略）＞小钱，小孙＞小李，小周＞小李，小钱＝小周，得出：小赵＞小钱＝小周＞小李，小孙＞小李。

第 23 关 吃西瓜比赛

A 和 J、C 和 G、D 和 H、E 和 F、B 和 I 是兄弟。

根据题意做表格如表所示。

项目	人员									
	A	B	C	D	E	F	G	H	I	J
1	○	○	○	○	○					
2	○	○		○		○	○			
3	○		○			○		○	○	
4	○	○			○		○			

第24关 商店

A 是冷饮店。

根据题意分析出步行街两旁的六家店的位置关系如图所示。

E	A（冷饮店）	书店
D	面包店	花店

第25关 君子与小人

都是君子。

如果甲是君子，说的是真话，通过他的话知道乙是君子。

如果甲是小人，说的就是假话，他的话与自己的身份矛盾。

所以，甲是君子，乙也是君子。

第 26 关 失物招领

甲找回蓝手套，乙找回运动衫，丙找回运动鞋，丁找回红手套，戊找回帽子。

根据线索 3，丙找回的是运动鞋。

根据线索 1、2，乙找回彩色运动衫，丁找回红手套。

那么，甲找回蓝手套，戊找回蓝帽子。

第 27 关 别墅

老王、李平和美美是一家。

老张、杜丽和丹丹是一家。

老李、丁香和壮壮是一家。

根据已知条件，老张和李平不是一家人，两家的孩子都是女孩；老王的女儿不是丹丹，是美美；老李和杜丽不是一家人。由此得出，老李的儿子是壮壮，壮壮的妈妈是丁香；

老王、李平和美美是一家人；老张、杜丽和丹丹是一家人。

第28关 特别的城镇

在星期五出门。

由题中条件可以知道，在连续的六天里，打折商店第一天和第五天停止营业，中间隔了营业的三天，而没有一家店是连续营业三天的，所以，连续六天的第一天是星期四、星期五和星期六中的一天。

连续的六天中，便利店停止营业了三天，这其中必然包含星期日。第二天、第四天、第六天中有一天是星期日。结合上一个推断，第一天不是星期五。

假设第一天是星期四，那么邮局星期六、星期日和星期二停止营业，星期三、星期四、星期五连续三天营业，这与题目矛盾。

假设第一天是星期六，便利店星期一、星期三、星期五和星期六营业；打折商店是星期一、星期二、星期四、星期五营业；邮局是星期二、星期三、星期五和星期六营业。

综上所述，星期五三家店都营业，这个人应该星期五出门。

第 29 关　相遇的蚂蚁

可以。

先由其中一只蚂蚁将小石子拖出，然后进入凹处。另一只蚂蚁推着小石子往前走，等过了凹处后停下，让这只在凹处的蚂蚁爬出来，并接着往前爬。自己再把小石子拖回，放在凹处，然后自己爬走。这样，两只蚂蚁就可以双双通过狭窄的通道。

第 30 关　过河

让两个小孩划船到对岸，然后留下一人，另一人再把小船划回去，并上岸。然后，一名士兵将船划到对岸，留在对岸的小孩再将船划回士兵这边，随后将另一个小孩载到对岸，然后再将船划回去，自己上岸，第二个士兵再上船，把它划到对面去。之后，在对岸的小孩再把船划回去，将在士兵那一边的小孩接到对岸，然后自己在划船回去，并上岸……也就是说，小船每往返两次才能载一名士兵到河的对岸，所以，军队中有多少人，就需要这样重复多少次。

第 31 关 比较瓶子的大小

能。

　　将其中的一个瓶子装满水，然后再倒入另一个瓶子中，如果装不下，则另一个瓶子的容积更大；如果装不满，则另一个瓶子的容积更小；如果正好装满，则两个瓶子的容积相等。

答
案

第 32 关 测灯泡的体积

　　爱迪生只需拿起灯泡往里灌满了水，然后他把灯泡里的水倒入了一只量杯中，读出数值，灯泡的体积就测出来了。

　　因为灯泡的体积与储存在灯泡里的水的容积是等量的。这样根本不需要经过烦琐的计算。

第 33 关 用桶分油

只要把油桶放到水面上，借助水的浮力，把油倒来倒去，直至两只桶浮在水面上的高度相等时，这些油就会被平均分。

第 34 关 找假币

只需称一次。

从第一堆银币中取一枚放在秤盘上，从第二堆银币中拿两枚放在秤盘上，从第三堆银币中拿三枚放在秤盘上，从第四堆银币中拿四枚放在秤盘上，以下也如此。

如果其中没有假币，你能算出秤盘上的银币应该有多重。因此，如果你发现秤盘上重了多少，就能确定哪一堆是假币，因为堆的序数与拿出的币数是一样的。例如，秤盘上比正常重了七克，那么第七堆必为假币，因为你从这一堆中取出了七枚银币放在秤盘上。

第35关 总是输

小孩说："你欠我 100 个铜板。"如果赢钱的人回答相信，就要给小孩 100 个铜板，如果回答不相信，就要给小孩 10 个铜板，所以还不如一直回答不相信。

第36关 羊、狼和白菜

先带羊到对岸，人再回来；
再把狼带到对岸，把羊带回；
把菜带到对岸，人再回来；
最后把羊带到对岸。

第 37 关 桶量游泳池的水

阿凡提说："那要看你选什么样的桶了。如果桶是和水池一样大的，那么就只有一桶水，如果桶只有水池一半大，那么就只有两桶水，如果桶只有水池的三分之一大，那就是三桶水……以此类推。"

答案

第 38 关 强渡危桥

甲、乙一起过桥（需要 2 分钟），甲带手电筒回去（需要 1 分钟）。丙、丁一起过桥（需要 10 分钟），乙带手电筒回去（需要 2 分钟）。甲、乙一起过桥（需要 2 分钟）。

所有时间加起来一共是 17 分钟。

走得较快的甲、乙是来回两边传递手电筒的人选。

第 39 关 儿子和马

6 个儿子，36 匹马。

最小的儿子得到的马匹数正好是儿子的人数，并且是第二小的儿子分完后，余数的 6/7，所以他得到的马匹数能够被 6 整除。假设他得到的是 6 匹马，那么农场主有 6 个儿子。反推后，就可以算出，各个儿子都得到 6 匹马。所以，农场主共有 6 个儿子，36 匹马。如果假设小儿子得到的马匹数是 8，那么第 7 个儿子得到的马匹的数已经不是整数，所以是行不通的。

第 40 关 有几个人

可以算出来，有三张凳子、四把椅子和七个人。

每条腿都数过了，包括凳子腿、椅子的腿和人的腿。这样，对于每张有人坐的凳子，有五条腿（三条凳子腿和两条人腿），而每张有人坐的椅子都有六条腿。所以，5×（凳子数）+6×（椅子数）=39。

最后算出有三张凳子、四张椅子和七个人。

第 41 关 储蓄罐

如果你倒出的是标有 15 角的储蓄罐中的硬币，你就可以把所有储蓄罐贴上正确的金额了。因为知道所有标签都贴错了，它不可能存着 15 角的硬币，那它只可能放两枚 5 角的或是两枚 1 元的硬币。而这两枚掉出的硬币会告诉你全部答案。掉出了两枚 1 元的硬币，那么还有 3 枚 5 角的硬币和一枚 1 元的硬币，它们分别在标有 10 角和 20 角的储蓄罐中。而标有 10 角的储蓄罐中不可能有两枚 5 角的硬币，所以一定是一枚 5 角硬币和一枚 1 元硬币，剩下的那个就存有两枚 5 角硬币。

第 42 关 哪个体积大

两个一样大。

一个球体的体积，不论本身大小，都只能占据相应方盒空间的 52% 的地方。

在装小球的方盒中，一共装有 64 个小球，小球将方盒分成了 64 个小的正方体，这样每个小球的体积就是：

$$\frac{方盒的体积 \times 52\%}{64}$$

那么 64 个小球的体积就是：方盒的体积 × 52%。

而大球的体积也是：方盒的体积 × 52%。

所以，两个盒子装的球的体积是一样的。

第 43 关 失踪的正方形

可以看出，五小块中，最大的两块对换了一下位置之后，被那斜线切开的每个小正方形都变得高比宽大了一点点。这意味着图2不再是严格的正方形。它的高增加了，从而使得面积增加，所增加的面积恰好等于那个洞的面积。

第 44 关 笼中鸽

不能。

因为 1+2+3+4+……+10=11×5=55。

第45关 能及时赶回去吗

可以及时赶回去。

先让甲同学跑步，乙同学和丙同学骑自行车，骑到全程的 2 / 3 处停下，乙同学再骑自行车回来接甲，丙同学这时跑步继续往学校宿舍赶。

乙同学会在全程 1/3 处接到甲，然后他们骑着自行车继续往学校赶，他们可以和丙同学同时赶到学校。

按照这种走法，他们可以用时 50 分钟，可以提前 2 分钟赶回学校宿舍去。

第46关 身后的彩旗

乙和丁的身后是红色彩旗。

如果甲的话真，那么甲身后是红色彩旗，乙、丙、丁身后都是黄色彩旗，并且，乙、丙、丁说的是假话。与乙的话矛盾。

如果乙的话真，那么乙身后是红色彩旗，甲、丙身后必为黄色彩旗，丁身后必为红色彩旗。

如果丙的话真，那么丙身后是红色彩旗，并且甲、乙、丁身后也都是红色彩旗，但甲、乙的话是假话。矛盾。

所以乙、丁身后是红旗。

第 47 关 他的困惑

他的最初存款，没有理由要等于每次取款后余额的总和。余额的总和非常接近 10000 元，这只是一种巧合。

这里是两个例子。

例 1：

取款额	存款余额
9900	100
100	0
=10000	=100

例 2：

取款额	存款余额
100	9900
100	9800
100	9700
9700	0
=10000	=29400

你可以看到，取款额的总额都是 10000 元，而取款余额的总和可以很大，也可以很小。

答案

第 48 关 "抢 30"

大黑的策略其实很简单：他总是报到 3 的倍数为止。他之所以能做到这一点，是因为让小白先报。

假设小白先报，则根据游戏规则，他或者报 1，或者报 1、2。如果小白报 1，则大黑就接着报 2、3；如果小白报 1、2，则大黑就报 3。无论哪种情况，大黑总是能报到 3 为止。接下来，小白从 4 开始，按着数字顺序报一个数或两个数，大黑则视小白的情况，接下去顺序的报一个或者两个数，结果又报到 6 这个 3 的倍数为止。依此类推，可以知道大黑总能使自己报到 3 的倍数为止。由于 30 是 3 的倍数，所以大黑总能报到 30。所以小白没有赢的机会。

小白只是感觉到了大黑的把戏，却并没有领会个中奥妙，因此，虽然后来让大黑先报，但是不能有意识地报到 3 的倍数为止，而一旦他没有止于 3 的倍数，大黑马上就又抓住了机会，让自己止于 3 的倍数，以后小白就又休想有翻盘的机会了。

答案

第 49 关 最佳路线

最佳路线是 B 家与河边的垂直线。

这条最佳路线的目的是救火，路线除了要短，还要考虑到 A 先提空桶到河边，再提盛满水的重重的桶到 B 处。后半段的路程需要是最短的，因为 A 是负重前行。所以，选择河岸距离 B 家最短的路线，就是此时的最佳

路线 BC。只有在 C 点上，才可以使救火即快捷又省力。

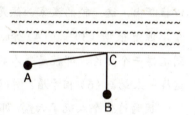

第 50 关 特工的心机

这位特工见体形上没法隐瞒，就穿了套号码比他平时穿的码要大很多的衣服，这样给人的感觉就是他已经减下很多分量了。

答案

第 51 关 一轮牌

B 赢了这一轮牌。

根据（1）、（2），可以判断出，三个人至少玩了五盘；而根据（1）、（3），可以推断出，这三个人最多玩了六盘。

如果是玩了五盘，那么根据（2）所提供的信息可以推断出，这一轮的赢家必然是赢了第一、第三和第五盘。但是根据（3）、（4）和（5）的条件，我们能得到这样一个结论，那就是每人都必定会轮上一次发牌。这样一来就与（6）相矛盾。所以，他们肯定是玩了六盘。

因为这三个人玩了六盘，那么根据（3）、（4）和（5）提供的信息可以推断出，C 是最后一盘，也就是第六盘的发牌者。根据（1）可知，第六盘的赢家就是这一轮牌的赢家。再根据（6）提供的条件，可推断出一定是A 或 B 赢了第六盘。

如果是 A 赢了第六盘，那么根据（6）可以推断出，他就不会赢第一盘和第四盘。而根据（2）提供的信息，可判断出他也不会赢第五盘，于是他只能是赢第二和第三盘，可如果是这种情况的话，就与（2）的说法相矛盾。因此判断 A 并没有在第六盘的时候获胜，那么必定就是B 赢了最后一盘，因此 B 也就成为这一轮牌的赢家。

第52关 选拔赛

选择乙—丙—乙的方案。

乙的实力是较强的，甲如果选择丙—乙—丙这套方案，那么，甲只与乙比赛一场，这场一输，选拔就毫无希望了。

如果选择乙—丙—乙这一方案，丙与乙比赛两场，只要赢一场，那么连胜两场的可能性就很大。

第53关 取棋子的策略

首先从右边一堆中取出5颗，成为右边一堆6颗，左边一堆10颗，即(10，6)以后在拿的过程中，留给对方的应是（7，4），（5，3），（2，1）的形式。当最后（2，1）留给对方时，小红就是胜利者了。

第 54 关 最后一次

争取后取。

在对方取出一颗或相邻的两颗棋子后，这个环就有了缺口。这时，如果余下的是单数颗棋子，你就取出正中的一颗；如果余下的是偶数颗棋子，你就取出正中的两颗，使留下的棋子成为对称的两列。以后，对方在一列中取出一颗或相邻的两颗棋子时，你就在另一列对称的位置上取出相同的颗数。这样下去，一定能获胜。

答案

第 55 关 一猜即中的游戏

假设想的数字为 n，演算过程为：

$n \times 2 = 2n$

$2n + 8$

$(2n + 8) \times 5 = 10n + 40$

$10n + 40 + 10 = 10n + 50$

$(10n + 50) \times 10 = 100n + 500 = 100(n + 5)$

如果你从最后的得数中除以 100，然后再减去 5，就得到了 n，即你朋友选择的数。

第 56 关 最多能喝几瓶汽水

30 瓶。

第一次，15 元钱能够买到 15 瓶汽水，喝完之后会得到 15 个空瓶。

第二次，15 个空瓶可以换 7 瓶汽水，剩一个空瓶，喝完之后会得到 8 个空瓶。

第三次，8 个空瓶可以换 4 瓶汽水，喝完之后会得到 4 个空瓶。

第四次，4 个空瓶可以换 2 瓶汽水，喝完之后一共有 2 个空瓶。

第五次，2 个空瓶可以换 1 瓶汽水，喝完之后一共有 1 个空瓶，此时可以跟商家借一个空瓶，一共有 2 个空瓶。

第六次，2 个空瓶可以换到 1 瓶汽水，喝完之后得到一个空瓶，再将这个空瓶还给商家即可。

以上计算过程即 15+7+4+2+1+1+1=30（瓶）。

答
案

第57关 分金条

把金条分成三段，分别是整根金条的1/7、2/7、4/7即可。

第一天结束的时候，给工人金条的1/7。

第二天结束的时候，给工人金条的2/7，然后收回第一天的1/7。

第三天结束的时候，给工人金条的1/7。

第四天结束的时候，给工人金条的4/7，然后收回1/7和2/7。

第五天结束的时候，给工人金条的1/7。

第六天结束的时候，给工人金条的2/7，然后收回第五天的1/7。

第七天结束的时候，给工人金条的1/7。

答案

第 58 关 过桥

第一步，哥哥与弟弟一起过桥，弟弟留在对岸，哥哥回来，耗时 4 分钟。

第二步，哥哥与爸爸一起过桥，并留在对岸，弟弟回来，耗时 9 分钟。

第三步，妈妈与爷爷一起过桥，并留在对岸，小明回来，耗时 13 分钟。

第四步，哥哥与弟弟一起过桥，耗时 3 分钟。

这样，一家人就全部顺利过桥，耗时 29 分钟。

第 59 关 律师的推理

记账员被逼到门前时，背着门站立，他此时把拿笔的右手绕到背后，在门板上写下凶手姓名的简称。手放在背后时写的字上下左右都会反过来，NW 就变成 MN 了。

答案

第 60 关 秘密通道

米勒的画与开关没有关系，那么，这"米勒"会不会是别的意思？是不是音符 1234567 中的 3 和 2 呢？"米"是 3，"勒"是 2。戈赫这么一想，就打开钢琴按了一下 3 和 2 的琴键，终于找到了秘密通道。

第 61 关 血写的 X

5 根手指 +X（10，罗马数字）=15。暗示凶手在 15 号房间。

第 62 关 破解密函

"援队一时到。"

破解的方法是逢五字抽一字，标点不算。

第 63 关 怪盗的预告函

乘着康乃馨的祝福——日期是母亲节。

绅士的一刻间——绅士和申时谐音，也就是下午 3 点到下午 5 点；一刻，就是 15 分。所以时间是下午 3 点 15 分或下午 4 点 15 分。

大地之子的礼物——大地之子指的是普罗米修斯，他送给人类火种。

潘多拉的魔盒——宙斯由于普罗米修斯帮人类偷了天火勃然大怒而送来魔盒到人间惩罚人类。

所以就是，母亲节那天的 15 点 15 分或 16 点 15 分盗走《火种》。

答案

第 64 关 报警的数字

比利留下的这串数字指代了 7、8、9、10、11 这五个月份英文单词的首字母：J—A—S—O—N，这说明绑匪是 JASON（杰森）。

第 65 关 拔河比赛

丁组。

由甲＋乙＝丙＋丁，丙＋乙＜甲＋丁，甲＜乙，丙＜乙。

可得：甲＋乙－丙＝丁，丁＞乙＋丙－甲。所以甲＞丙，乙＜丁。

因此，丁组力气最大，乙组第二，甲组第三，丙组最小。

第 66 关 说反话的外星人

①"你是女的吗？"回答"是"的是 A 星球人，回答"不是"的是 B 星球人。

②"你是 B 星球人吗？"回答"是"的是男的，回答"不是"的是女的。

③"你是 A 星球的女性吗？"回答"不是"的是 B 星球的男性且一定讲真话，或者问"你是 B 星球的男性吗？"回答"不是"的是 A 星球的女性且一定讲真话。

答
案

第 67 关 确定时间

能。

可以将整个过程分解成三个步骤：第一步，同时点燃一根香的两端，另一根香只点燃一端。

第二步，等到那根两端都点燃的香烧完之后（此时用时 30 分钟），便将另一根香的另一端点燃。

第三步，从点燃另一根香的另一端开始，直到它烧完的时间就是 15 分钟。

第 68 关 问的学问

外乡人只要对任何一个奴隶问："如果我要求你的伙伴指出那扇通向自由的门，那么他会指向哪扇门呢？"这样不管对方是说真话，还是说假话，都会指出那扇可以使他沦为奴隶的门。据此，他就可以断定，另一扇门必定是通向自由的。

第 69 关 谁去完成任务

丙和丁去完成任务。

假设甲去，根据第五条乙也去，根据第二条丙不去，根据第四条丁不去，根据第三条戊去，根据第一条丁也去。这时是矛盾结论，故甲不能去。

假设甲不去，根据第五条乙不去，根据第二条丙去，根据第四条丁去，根据第三条戊不去。

综上所述，在甲、乙、丙、丁、戊五人中，应该让丙、丁两人去完成任务。

第70关 正确答案

由题可知，三个人都是答对五道题，那么，我们可以两个人两个人地进行比较。对任何两个人来说，尽管他们答对的题号不可能全部相同，但至少有相同的三道题是大家都答对了的。

从题目所列表格推知，第二题、第四题和第五题，A、B 两人都是答对的；第一题、第五题和第六题，B、C 两人都是答对的；第三题、第五题和第七题，A、C 两人都是答对的。

所以正确答案如下所示：

1	2	3	4	5	6	7
○	×	○	×	×	○	○

答

案

第71关 谁拿了谁的伞

甲拿走了戊的伞，甲的伞被乙拿走了。

由题意画表如下所示。（不是谁的伞用 × 表示，可能是谁的伞用〇表示）。

	甲伞	乙伞	丙伞	丁伞	戊伞
甲	×	×	〇	×	〇
乙	〇	×	×	×	〇
丙	〇	×	×	〇	×
丁	〇	〇	×	×	×
戊	×	〇	〇	×	×

答案

先假设甲拿去的是丙的雨伞。这时戊拿去的是乙的，丁拿去的是甲的，丙拿去的是丁的，乙拿去的是戊的，这样，乙和戊互换了雨伞，与题意不符，因此假设不成立。

既然甲拿去的不是丙的，那肯定是戊的了，于是乙拿去的是甲的，丙拿去的是丁的，丁拿去的是乙的，戊拿去的是丙的。

第72关 星期几去的

赵六说得对。今天是星期日。

七个人观点如下：张三说是星期一；李四说是星期三；王五说是星期二；赵六说是星期四、星期五、星期六或者星期日；刘七说是星期五；孙八说是星期三；周九说是星期一、星期二、星期三、星期四、星期五或星期六。

若张三、李四、王五、刘七、孙八五个人中任何一人说得对的话，那么周九说得也对。所以排除那五个人。若赵六说得对，同时周九说得错时，那么今天就是星期日。

第73关 箱子里的东西

4 成立。

第一个箱子和第四个箱子上写的话是矛盾的，所以必有一真，必有一假。因此第二、第三个箱子上的话是假话。从而推出第三个箱子中有遗物。

第 74 关 对号入座

知道 D 坐在 A 对面，那么 D 和 A 一定在 2、5 的位置上。又知 F 与 A 不相邻，那么 A 应在 2 号位置，D 在 5 号位置，因为 B 在 F 的右侧，所以 4 号是 B，6 号是 F。

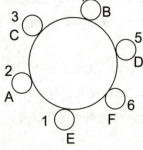

第 75 关 不合格的罐头

将箱子从 1 到 9 进行编号，然后依次抽出与箱子编号相同的罐头，即 1 号箱抽出 1 瓶罐头，2 号箱抽出 2 瓶罐头……以此类推。这样一共取出 1+2+3+……+9=45 瓶，称重。如果不缺重的话，总重量应该为 45×1000 克 =45000 克。

所称的实际重量为 X。如果 X 恰好是 45000 克，那就表明 10 号箱是不合格的罐头，但是如果所的重量低于 45000 克，那么 45000 − X= 所缺的重量，算一下所缺重量为 50 的多少倍，就能知道是哪一箱出了问题。如果缺 50 克，就表明第 1 箱有问题，缺 100 克，就表明第 2 箱有问题……以此类推。

第 76 关 水面上的绳梯

水面与最初一样，仍在绳梯上数第九磴处。

因为船浮在水上，所以无论涨潮水面升高还是退潮水面降低，绳梯都会与船一同升降。

第 77 关 握手

戊和甲、乙握了手。

甲和四个人握了手，说明甲和除自己之外的每个人都握了手，即同乙、丙、丁和戊都握过手。

丁只和一个人握过手，所以他只和甲握过手。

乙和三个人握过手，因此可以推断出这三个人是甲、丙和戊。

丙和两个人握过手，这两个人只能是甲和乙。

第 78 关 谁举手了

C 举手了。

D 排在最后，他能看到 B 和 C 的帽子颜色，但他没有立刻举手，说明他看到的是一白一黑，所以他无法判断。

C 由此知道排在他身后的 D 看到的 B 和自己的帽子颜色是一白一黑，而他看到 B 的帽子是白色的，所以他猜到自己的帽子是黑色的。

第 79 关 计算面积

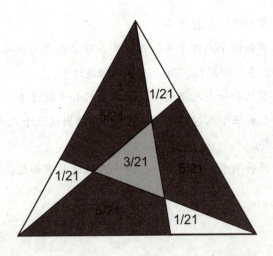

第 80 关 各得多少分

（1）甲的情况是可能的。

六次都中靶，而总分又只有 8 分，因而不可能有一次得 5 分以上，最多只有一次得 3 分。这样其余五次各得 1 分，即：1、1、1、1、1、3，共 8 分。

（2）乙的情况不可能。

即使六次都中靶，每次都得 9 分，才得 54 分，也要比 56 分少。所以，他说的情况是不可能的。

（3）丙的情况是可能的。

从总分是 28 分我们可以知道，最多有两次是得 9 分。如果有三次得 9 分，共 27 分，其余三次即使都得 1 分，也超过了 28 分。所以，可能得到三种情况：

9、9、7、1、1、1；

9、9、5、3、1、1；

9、9、3、3、3、1。

如果只有一次得 9 分，这样又有六种可能情况：

9、7、7、3、1、1；

9、7、5、5、1、1；

9、7、5、3、3、1；

9、7、3、3、3、3；

9、5、5、5、3、1；

9、5、5、3、3、3。

如果一次也没得到 9 分，可能有七种情况：

7、7、7、5、1、1;

7、7、7、3、3、1;

7、7、5、5、3、1;

7、7、5、3、3、3;

7、5、5、5、5、1;

7、5、5、5、3、3;

5、5、5、5、5、3。

所以，丙的总分是 28 分的情况一共有 16 种。

（4）丁的情况是不可能的。

中靶的分数都是奇数，六个奇数的和一定是偶数，而 27 是奇数，所以不可能。

第 81 关 年龄的秘密

A 是 54 岁，B 是 45 岁，C 是 4 岁半。

第82关 填颜色

绿色。

刚开始看，你也许会觉得这些圆圈的排列根本就没有什么规律，怎么能知道应该填什么颜色，但只要你仔细地看就会发现，它们的排列其实是有规律的：开始是红色，接下来是黄色，然后是蓝色，再然后是绿色。

第 83 关 左脚还是右脚

先打开标有"左右"标签的箱子。

因为箱子的标签和里面的鞋子是完全不符的，所以，标有"左右"标签的箱子里面的鞋子就一定不是左右两只，那么只能是"右右"或"左左"。

将盒子打开后，任意取出一只鞋子，如果这是右（左）脚的鞋子，那么就可以断定这个箱子里面的鞋子是两只右（左）脚的。那么标有"左左"（"右右"）标签的箱子里不可能装的是两只左（右）脚的鞋子，因此在标有"左左"（"右右"）标签的箱子里，放的是左右两只鞋子。剩下标有"右右"（"左左"）标签的箱子里放的只能是两只左脚的鞋子。

第 84 关 找翻译

四位。

比方，分别用各自懂 A、B、C、D 国语言并且都懂 E 国语言的翻译共四人的话，那么只需通过 E 国语言就可以使全部代表听得懂了。

第 85 关 谁偷了奶酪

1 正确。

老鼠 A 和老鼠 D 的说法矛盾，必是一真一假。其他两只老鼠说的必是假话。老鼠 C 偷了奶酪，则老鼠 D 说的假话。由此，评论 2、3、4 都是错误的，评论 1 是正确的。

第86关 猜颜色

红色。

　　A看到两红或一红一黄。如果B看到C戴黄色的头花，代表A看到一红一黄，B就能推断出自己戴红色的头花；如果B看到C戴红头花，B就不能推断自己戴什么色彩的头花，也就是说B回答不知道，代表B看到C戴红色的头花。所以，C就知道自己戴红头花。

第87关 五人的成绩

　　根据题目中提供的信息，可以列表如下所示。

姓名	历史	语文	地理	英语	数学	总分
A	5	4	4	2	3	18
B	4	5	3	3	1	16
C	3	2	5	1	4	15
D	1	1	1	4	5	12
E	2	3	2	5	2	14

第 88 关 快慢不同的手表

20 个小时。

这道题可以用简单的办法来解答：一只表慢 2 分钟，一只表快 1 分钟，那么每小时两块表差 3 分钟，这样，答案很快就出来了。

1 个小时 ÷3 分钟＝ 20 个小时

第 89 关 买外套

小白羊买了黑外套，小黑羊买了灰外套，小灰羊买了白外套。

根据第一只羊的话，买白外套的一定不是小白羊，是小黑羊或者是小灰羊，但是根据小黑羊的话第一个说话的一定是小灰羊，那么小灰羊一定买了白外套。小黑羊没有买黑外套也不能买白外套，只能买灰外套。小白羊只能买黑外套了。

第 90 关 他们有多大

司机今年 40 岁，售票员和甲乘客同岁。

司机的老家是江苏，乙的老家是天津，那么根据条件 3，司机不会和乙同龄；司机的年龄是他女儿的四倍，那么根据条件 1，他也不和甲同龄。所以，司机和丙同龄。因丙的年龄比司机的女儿大 30 岁，所以可以得出他们的年龄为 40 岁。

既然甲不与司机同年，而且根据条件 2，可知甲也不和检票员同岁，因而甲和售票员同岁了。

第 91 关 开关和灯泡

首先，打开第一盏灯，让它亮很久，再把它关掉。

然后打开第二盏灯，并且到另一间房间去。

此时摸一下灯泡，发热的灯泡为第一盏灯，亮着的灯泡是第二盏灯，那么剩下的那个就是第三盏灯。

第92关 喝可乐

一杯可乐。

原本就一杯可乐，不管它兑了多少次凉开水，都改变不了它原来的量。

因此，总共喝的可乐还是原来的那杯可乐。

第93关 虫子啃书

6毫米。

当在问题中说明了书的各个部分的厚度时，思维就不由自主地想把它们计算进去。以至于忽略了观察，从第一卷的第一页开始，穿透整部第一卷的全部书页、封底，第二卷的封皮、全部书页，于是得出：

4厘米+3毫米+3毫米+4厘米=8.6厘米。

但是，这是一个错误的判断。按照古书的装帧设计，是向右翻页的。这样，按照图中的排列顺序，所谓第一卷的第一页与第二卷的最后一页，其间相隔仅是第一卷的封皮和第二卷的封底的距离。

第94关 眼力如何

两组数字之和相同。

本题所要问的是哪一组"数字之和"大，而这两组的数字组合是一样的。

注意力一开始就不被其他细节所干扰，直接指向问题的关键，将注意力从观察数字序列及时转移到观察数字的组合上，也是思维灵活的一种表现。

第95关 遗书

一共是15头。

因为15头的半数是7.5头，再加半头就是8头，余下7头。7头的半数是3.5头，再加半头是4头，余3头。3头的半数是1.5头，再加半头是2头，余1头。1头的半数是0.5头，再加半头是1头。

第96关 翻牌

第一种可能性大。

我们把这六张牌用 1~6 的数字编号，假设 1 号牌和 2 号牌是 K。那么从这六张牌中取出两张的组合为：

（1）1、2；

（2）1、3；

（3）1、4；

（4）1、5；

（5）1、6；

（6）2、3；

（7）2、4；

（8）2、5；

（9）2、6；

（10）3、4；

（11）3、5；

（12）3、6；

（13）4、5；

（14）4、6；

（15）5、6。

一共有 15 种组合，在这 15 种组合中有九对包含 K 牌。也就是说翻出 K 牌的可能性是 9/15，而 9/15>1/2，所以说至少翻出一张 K 牌的可能性要比一张翻不出来 K 牌的可能性大。

第 97 关 四枚硬币

小军不会与小明打这个赌。

要想知道小军会不会与小明打赌，我们先来看看硬币落地时全是正面和全是反面的概率有多少就知道了。

先列出四枚硬币落地时的所有可能的式样。总共有五种可能，分别是：

四个正面；

四个反面；

一个正面三个反面；

两个正面两个反面；

三个正面一个反面。

以上每种样式出现的可能性都与其他样式相同。而出现金是正面和全是反面的情况只有两种，也就是说硬币落地时全是正面和全是反面的可能性只有 2/5，而硬币落地时不是上述两种情况的可能性是 3/5。

第 98 关 硬币的问题

两面相同的概率是 2/3。

如果你见到的是正面，就有三种而不是两种情况：1.你看见的是有正面和反面的硬币的正面。2.你看见的是两个正面硬币的一面。3.你看见的是两个正面的硬币的另一面。在其中两种情况下，两面相同。

第 99 关 找数字

请你再仔细看这两幅图，图 1 的第一列数字如 10、6、17、2、14，在图 2 中排成 14、2、17、6、10，并且作为图 2 的第五行。图 1 中的第二列 9、16、1、23、20，在图 2 中以 20、23、1、16、9 的形式排在了第四行……

图 1 中的每一竖行，都如此改排为图 2 中的横行，这样就找到了规律。

如图 1 的第三行的 18，在图 2 第一行，只要将图 1 第三行在图 2 从 17 倒竖起来的竖行里，找到排在第一行的数就可以了。

第100关 布置彩旗

每个方向能看见五面彩旗的布置方法，如图所示。

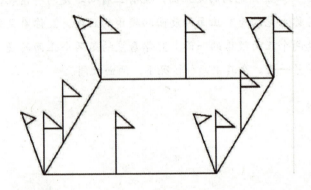

每个方向能看见六面彩旗的布置方法如图所示。

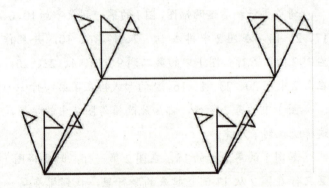

第 101 关 十字架

把一个圆圈从图形的"右边"移到"左边"，并把最下面的硬币移到中间那个圆圈的上面。

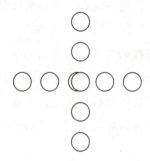

第 102 关 从规律中找到得数

由观察可知，A 中的 $11^2=121,111^2=12321,1111^2=1234321$……据此类推，就可以得出：

$111111^2=12345654321$

$1111111^2=1234567654321$

$11111111^2=123456787654321$

$111111111^2=12345678987654321$

同理，B 中的结果为：

$6666666^2=44444435555556$

$66666666^2=4444444355555556$

$666666666^2=444444443555555556$

第 103 关 最后的弹孔

最后一枪的弹也是 C。

当玻璃有裂纹时，为了防止它继续延伸下去，都会在裂纹的前方横着再划一道线，这样裂纹就不会再继续了。

在这里也有同样的道理，后发射的子弹，其产生的裂纹会被先发射的子弹产生的裂纹而截挡住，那么后产生的裂纹都会在遇到先前的裂纹处停下来。现在答案就很清楚了，最后一枪的弹孔是 C。发射子弹的先后顺序是 D、A、B、C。

104 关 自鸣的磬

物体每秒振动的次数叫作"频率"，如果两个物体的振动频率相同，一物体振动时，另一物体也会振动。在这个故事里，因为寺院的钟与磬的固有振动频率相近，因此，就可以发出共鸣。把磬挫开几处缺口，改变了磬的振动频率，也就听不见磬鸣了。

第105关 多余的第四个

有。

第一组中，苹果、梨、橘子为水果，"多余的"第四个为西红柿，它是蔬菜。

第二组中，刮脸刀、剪刀、铅笔刀为刀具，"多余的"第四个是铅笔，它是书写工具。

第三组中，斧子、电锯、电钻是木匠工具，"多余的"第四个是钉子，为钉接物。

第四组中，小号、大号、萨克斯为管乐器，"多余的"的第四个是小提琴，为弦乐器。

第106关 半张唱片

李四原来有七张唱片。

此题的关键在于：奇数唱片的一半，再加上半张唱片，正好是个整数。

由于李四最后一次送出唱片后剩一张。他在给小吴一张之前，至少有三张。3的一半是3/2，加上1/2等于2，所以李四最后送出了两张。倒算回去，他原先有七张唱片。

第107关 狄利克雷房间

不可能。将2号客人与13号客人混淆了。

问题是，暂时住进1号房间的两个人是谁？"1号房间住进了两个人"的判断，是个模模糊糊的判断，它既可能被理解为"住的是1号客人与13号客人"，也可能被理解为"住的是1号客人与2号客人"。

先假定让13号客人住进1号房间，然后又按顺序把1号客人安排在1号房间，这样，1号客人就同13号客人住进1号房间。接下来的安排理应是，2号客人住2号房间，3号客人住3号房间，4号客人住4号房间……12号客人住12号房间。还是没办法安排。

第108关 驯马师之死

罪犯是盖尔小姐。

盖尔小姐自称袖口上的血迹是"刚才在他身上蹭到的"，可那时彼得已经死亡八个小时，此时血液早就凝固了，又怎么可能蹭到她的袖子上呢？

第 109 关 一美元纸币

C 男士的 1 美元纸币付了糖果钱。

题意有两处需要重点理解。

(2) 中不能换开任何一个硬币，指的是如果任何一个人不能有 2 个 5 美分，否则他能换 1 个 10 美分硬币。

(6) 中指如果 A、B 换过，并且 A、C 换过，这就是两次交换。

A 开始有三个 10 美分和一个 25 美分，账单为 50 美分。

B 开始有一个 50 美分，账单为 25 美分。

C 开始有一个 5 美分和一个 25 美分，账单为 10 美分。

店主开始有 10 美分。

此时满足（1）、（2）、（3）、（4）。

第一次调换：A 拿三个 10 美分换 C 的一个 5 美分和一个 25 美分。

这时 A 有一个 5 美分和两个 25 美分，C 有三个 10 美分。

第二次调换：A 拿两个 25 美分换 B 的一个 50 美分。

此时：

A 有一个 50 美分和一个 5 美分，账单为 50 美分，付完走人。

B 有两个 25 美分，账单为 25 美分，付完走人。

C 有三个 10 美分，账单为 10 美分，付完剩 20 美分，要买 5 美分的糖。

付账后，店主有一个 50 美分、一个 25 美分和两个 10 美分，无法找开 10 美分，但硬币和为 95 美分，能找开纸币 1 美元。

所以，这三位男士中 C 用 1 美元的纸币付了糖果钱。

答案

第 110 关 生日会上的 12 个小孩

小明是家庭 A 的孩子。

每个家庭中的孩子年龄如下：

（1）A：6、10、12、13。

B：2、5、8、11 或 3、5、8、11。

C：1、4、7、9。

（2）A：7、9、12、13。

B：2、5、8、11 或者 3、5、8、11。

C：1、4、6、10。

答
案

如果小明是家庭 C 的孩子，那么其他两个孩子的年龄和是 21-4-13=4。四个孩子的年龄分别为 1、3、4、13。但有两个孩子相差 1 岁，与题目矛盾。

如果小明是家庭 A 的孩子，那么其他两个孩子的年龄和是 41-12-13=16，可能的年龄是 5、11 或 6、10 或 7、9。有两个孩子相差 1 岁，所以四个孩子可能是 6、10、12、13 或 7、9、12、13。可知，小明是家庭 A 的孩子。

若家庭 A 四个孩子的年龄是 6、10、12、13，则家庭 C 四个孩子的年龄是 1、4、7、9。根据排除法，家庭 B 为 2、5、8、11 或者是 3、5、8、11。

若家庭 A 为 7、9、12、13，则家庭 C 为 1、4、6、10。根据排除法，家庭 B 为 2、5、8、11 或者是 3、5、8、11。

第111关 步行时间

总裁先生步行了 25 分钟。

假如总裁先生一直在车站等候，那么由于司机比以往晚了半小时出发，因此，也将晚半小时到达车站。也就是说，总裁先生将在车站空等半小时，等他的轿车到达后坐车回家，从而他将比以往晚半小时到家。而现在总裁先生只比平常晚 20 分钟到家。这意味着，如果司机开车从现在遇到总裁的地点赶到火车站，单程所花的时间将为 5 分钟。因此，如果总裁先生等在火车站，再过 5 分钟，他的轿车也到了。也就是说，他如果等在火车站，那么他也已经等了 30-5=25 分钟了。

答案

第 112 关 小偷的选择

这两个小偷都将做出"坦白"的选择。

从选择心理上讲，在竞争性的互动选择中，每个人都希望自己受益最大。我们以此来分析"小偷的选择"。

每个小偷都会面临一个判断："对方或者坦白，或者不坦白"，也都会进行如下分析。

分析（一）

如果对方坦白，我不坦白，结果是我被判刑 10 年；

如果对方坦白，我也坦白，结果是都被判刑 5 年；

我坦白的结果要好于不坦白的结果。

所以，我应当选择坦白。

分析（二）

如果对方不坦白，我也不坦白，结果是都被判刑 6 个月；

如果对方不坦白，我坦白，结果是我被当场释放；

我坦白的结果要好于不坦白的结果。

所以，我应当选择坦白。

综合分析的结果，小偷只能做出"无论对方坦白，或者不坦白，我最好的策略都是坦白"的选择。

由于两个小偷都是这样分析推导的，所以，为了使自己得益最大，综合了分析的结果后，这两个小偷都将做出"坦白"的选择。

第 113 关 残缺的棋盘

不能。

31 个骨牌只能覆盖住 31 个白格与 31 个黑格。但在残缺棋盘中，白格有 32 个，黑格只有 30 个。不存在完全覆盖的可能性。

答案

第 114 关 买油

由于 B 的油瓶是 4 斤的，而且 A 想要买 4 斤油，所以老板可以先倒满 B 的油瓶，然后倒到 A 的油瓶中，这样 A 就得到了他想要的 4 斤油了。

这时桶里的油还有 18 斤，老板再把桶里的油往 B 的油瓶中倒，当桶里的油剩下桶的容量的一半时停止。因为装油的桶是 30 斤的并且是圆柱状的，所以一半就是 15 斤，由此也就知道了老板往 B 的油瓶中倒入的油正好是 3 斤。

就这样，A 和 B 都得到了他们想要的重量的油。

第115关 塔楼上的囚徒

逃离步骤如下所示。

序号	步 骤	塔楼上	塔楼下
1	先用人力将石头慢慢放下	A、B、C	石头
2	C下，石头上	A、B、石头	C
3	B下，C上	A、C、石头	B
4	石头下	A、C	B、石头
5	A下，B和石头上	B、C、石头	A
6	石头下	B、C	A、石头
7	C下，石头上	B、石头	A、C
8	B下，C上	C、石头	A、B
9	石头下	C	A、B、石头
10	C下，石头上	石头	A、B、C（逃离）
11	石头自然坠下		

答案

第116关 取石块

后取者胜利。

（1）当先取者第一次取1块石块时

后取者则可以跟着也取1块，然后先取者再取1块时，后取者可以取4块，剩下2块，后取者胜利；当先取者再取3块时，剩下4块，后取者胜利；当先取者再取4块时，剩下3块，后取者胜利。

后取者也可以选择取3块，剩下5块，先取者再取1块，剩下4块，后取者胜利；先取者再取3块，剩下两块，后取者胜利；先取者再取4块，剩下1块，后取者胜利。

（2）当先取者第一次取3块时

后取者可以选择取1块，剩下5块同上，后取者胜利。

后取者也可以选择取4块，剩下2块，后取者胜利。

（3）当先取者第一次取4块时

后取者可以选择取3块，剩下2块，后取者胜利。

所以，无论先取者第一次取几块石块，后取者都可以取到最后1块石块，都会获胜。

答
案

第117关 红颜色的"魔方"

（1）三面是红颜色的小立方体有 8 块。上、下两面四个角共 8 块。

（2）两面是红颜色的小立方体有 12 块。六个面除角和中心的方块，共 12 块。

（3）一面是红颜色的小立方体有 6 块。六个面的中心方块，共 6 块。

（4）所有面都是红颜色的小立方体为 0 块。

（5）所有面都不是红颜色的小立方体有 1 块。立方体最中心的方块。

答案

第118关 海边案件

凶手是杰克。

从杰克在敲门时喊的话可以肯定，他要找的人是汤姆，而不是汤姆的妻子。既然如此，他在一开始敲门的时候就应该喊汤姆的名字，而不应该喊"玛丽"，这就说明杰克早就已经知道汤姆不在家，但是他却又问汤姆的妻子"汤姆在吗"，这显然是自相矛盾的。所以可以断定，杰克就是杀人凶手。

第119关 重叠的面积

可以。16平方厘米。

三角形的顶点正好在正方形的中心点上，而正方形也可以通过这个中心点划分为四个三角形。如图所示。阴影部分即为重叠部分，面积为 $8×8/4=16$（平方厘米）。

试探着延长这两条对角线，并在正方形外连接它们，组成一个直角三角形。如图所示。

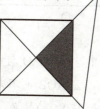

我们不妨在转动一下这个直角三角形，如图所示。

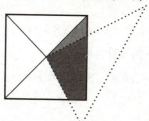

直角三角形的直角边，其中一条直角边无论转动多少度，另一条直角边也相应地转动多少度。而转动前后所形成的两组小三角形是完全相等的。

答案

第120关 "神秘"的正方形

这个多出来的1平方厘米是在拼接过程中虚假地产生出来的。

事实上，当图1中的①与④、②与③拼接时，所形成的图形并非是一个直角三角形，而是一个四边形。如图：

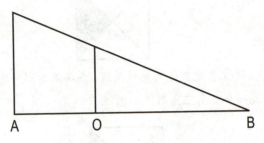

在这个四边形中，线段AO与线段OB衔接后，并没有形成一条直线，∠AOB也不是一个等于180°的平角，而是一个小于180°的钝角。因此，这个四边形的总面积就只能是：

$[(8+13)×13÷2]+(21×8÷2)$

$=(21×13÷2)+(21×8÷2)$

$=136.5+84=220.5$（平方厘米）

并不是：

$(13+21)×13÷2$

$=34×13÷2$

=221（平方厘米）

也就是说当这两个四边形拼接起来后，并非是一个底为34厘米、高为13厘米的严丝合缝的长方形，仍然是相互不吻合且有0.5平方厘米重叠的两个四边形，其总面积是442平方厘米。于是，我们便找出了那多出来的1平方厘米是怎样产生出来的了。

第121关 字母方阵

（3）。

从左上角开始按顺时针螺旋方向，每次间隔一个格子，数到最后即可得出结果。

第 122 关 字母与数字

A。

将字母在字母表中的排序"颠倒"，便是该字母对应的数字，例如，A 对应 26，B 对应 25。

第 123 关 字母与数字

B。

数字代表字母在字母表中的序号。

第 124 关 字母键盘

D。

在其他三个选项中，你都可以按顺时针方向找到这一顺序——BGBGRBGR，而在 D 中，这个顺序是按逆时针方向排列的。

第 125 关 字母填空

J。

上下两行字母包含了两个交叉序列：A—E—I—M—Q，在字母表中依次前进四个位置；Z—V—R—N—J，在字母表中依次后退四个位置。

第126关 对调铅笔

如图所示，对调后，深浅色铅笔数量有所变动，变成七支浅色铅笔，六支深色铅笔了。

第127关 三色连线

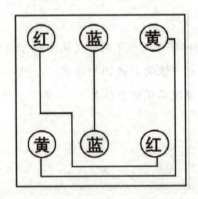

第 128 关 火柴游戏

 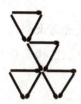  

第 129 关 同学聚会

A 是正确的。

根据（6），甲是化学系毕业。根据（3），甲不是教授。根据（4），甲不是作家。所以甲是市长，毕业于化学系。

根据（5），乙不是英语系毕业。则乙毕业于中文系。根据（2），乙不是作家。所以乙是教授，毕业于中文系。

根据（3）和（6），也可判断出丙是作家。所以丙是作家，毕业于英语系。

第130关 网球对抗赛

会。

如果差四人，其部下或者男女都是偶数，或者男女都是奇数。总之，和是偶数。包括王科长在内，营业科的人数是奇数。

因此，有一个人要出场两次。

第131关 划拳比赛

从石头、剪刀、布中选其中两个，由一个出弱的，剩下的全部出强的。例如，如果一人出石头，其余的全出布。这样，对方即使有人出剪刀也是平局，如果对方没有出剪刀的话，出布的人就获胜。以这种方式重复进行下去，就可以去掉平局，最少到划第四次拳时即可使一个人最后获胜。在这种情况下，最好的策略就是做到不要使全部人员一次输掉。

第 132 关 谁是教授

阿三是教授。

A—阿五的妻子

B—阿三

C—阿四

D—阿二的丈夫

E—阿一

F—阿二

G—阿五

H—阿二的丈夫

I—阿四的妻子

J—阿三的丈夫

第 133 关 快乐七巧板

动手试试是最好的方法。

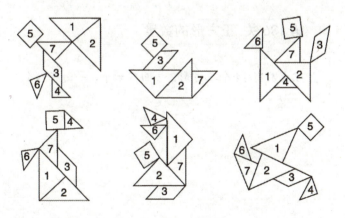

答
案

第 134 关 杯子游戏

可以，将第二只杯子与第四只杯子里的水分别倒入第七只与第九只空杯子中。

第 135 关 聪明的司机

从其他三个轮胎上各取下一个螺丝，用三个螺丝去固定刚换下来的轮胎。这样他就可以把车子开到最近的修车厂了。

第 136 关 正方形的数量

纸上共有 14 个正方形，一面有六个，一面有八个。

答案

第 137 关 着色游戏

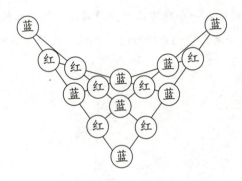

第 138 关 三人关系

C 是女性。

根据条件一，我们可以分析出三人中有一位父亲、一位女儿和父亲或女儿的"同胞手足"。如果 A 的父亲是 C，那么 C 的同胞手足就是 B。按照上述逻辑，B 的女儿必定是 A。结果显示 A 同时是 B 和 C 二人的女儿，而 B 和 C 是同胞手足，这与题目要求不相符。

重新推导，A 的父亲是 B。根据条件二得出，C 的同胞手足是 A，B 的女儿是 C。再根据条件一得出，A 是 B 的儿子。因此，C 是三人中唯一的女性。

第139关 飞离北极

其实这是一个非常简单的题目。飞机离北极点的距离是50千米。它向东飞行时与北极点的距离不变。

第140关 碗盛水果

圆点代表苹果，五角星代表桔子。有九种不同方式可以将它们放到三只碗中，如图所示。

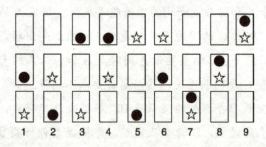

第 141 关　给绳子打结

能够结成。

先将两只胳膊交叉抱在胸前，然后左右手各握住绳子一端，之后伸开胳膊拉紧绳子，这样就可以打结了。

第 142 关　连连看

第143关 枪眼问题

一块板上能构造出的洞的最大数目不可能超过多米诺骨牌的数量。如果板的一边长可以被3整除，那么洞的最大数目就是两边长的乘积再除以3。

答案

第144关 筷子的妙用

试一试，让三根筷子互相利用，跷起来就搭成一座桥把三个碗子连起来了。a筷在c筷下、压着b筷；b筷在a下、压着c筷；c筷在b筷下、压着a筷。

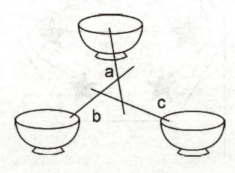

第145关 最大面积

图形5的面积大。

其余的面积相等，都占五个格的面积。

第146关 完成表格

姓　名	语　文	数　学	英　语
A	丙	乙	丙
B	丙	甲	乙
C	甲	甲	甲
D	甲	甲	乙

第147关 实习医生的一周

三位实习医生在星期五的时候同时值班。

根据（4）和（5）和（6），做表如下所示，其中×代表休息，○代表值班。

医生	星期日	星期一	星期二	星期三	星期四	星期五	星期六
甲	×	○	×	○	×	○	○
乙	○	○	○	○	×	○	×
丙	×	○	○	○	○	○	○

答案

根据（3），可知乙医生星期日和星期二上班，丙医生星期二和星期四上班。

根据（2），可知乙医生星期一休息，丙医生星期三休息。

根据（1），可知甲、乙、丙同时值班可能发生在星期一、星期三和星期五。

综上所述，甲、乙、丙同时值班发生在星期五。

第 148 关 三片馒头

　　妈妈先把两片馒头放进锅中，把它们的一面煎 30 秒。然后将第一片馒头翻个面，将第二片馒头取出。然后把第三片馒头放进锅中，同第一片馒头一起煎 30 秒，此时，第一片馒头已经煎好了，而第三片馒头也已经煎好一面了。把第一片馒头其取出，并将第二片馒头未煎的一面放进锅中，同第三片馒头的另一面一起煎 30 秒。这样一来，可以不必花 2 分钟，只要 1 分 30 秒就能让女儿吃到香喷喷的煎馒头了。

答案

第 149 关 四 J 拼方

B。

第 150 关 三个珠宝箱

打开一个就行。

比如，打开贴着钻石标签的箱子，如果里面放的是珍珠，那么钻石就一定装在贴着红宝石签的箱子里。

第 151 关 看守囚犯

2519 个囚犯。

$2519÷3=839$ 张桌子，剩下 2 个人；

$2519÷5=503$ 张桌子，剩下 4 个人；

$2519÷7=359$ 张桌子，剩下 6 个人；

$2519÷9=279$ 张桌子，剩下 8 个人；

$2519÷11=229$ 张桌子，刚好。

第 152 关 小岛方言

能喝。

这天是晴天，这个当地人如果是说真话的，那么关于"好天气"的回答为"是"，"呜呜哇哇"就是"是"的意思了，则"能喝吗？"的回答为"是"。如果说的是假话，问天气时回答的"呜呜哇哇"就是"不"的意思。那么，"能喝吗？"回答的是"不能"，因为他说的是假话，所以水池的水是能喝的。结论就是不管他是说真话的人还是说假话的人，水都是能喝的。

第 153 关 猜省份

A 是山东，B 是湖北，C 是陕西，D 是吉林，E 是甘肃。

乙和丁都提到湖北和 D，从中入手。如果 B 是湖北，则 D 是吉林。通知甲说的话，可知 E 是甘肃。通过丙说的话，可知 A 是山东。通过戊说的话，可知 C 是陕西。结论可得。

如果 C 是湖北，则 D 是山东。通过戊说的话，B 是甘肃。通过甲说的话，可知 E 是甘肃。相互矛盾。其他假设也产生矛盾。

第154关 各是第几名

E 说的"我不在 F 的前面"是正确的。A 是第六名，B 是第二名，C 是第八名，D 是第三名，E 是第四名，F 是第一名，G 是第五名，H 是第七名。

方法一，可对 16 种情况逐一假设是正确的，推知只有在 E 所说的"我不在 F 的前面"是正确的时，其他 15 种情况才都有可能是错误的。因此，在 16 种情况中，只有 E 说的"我不在 F 的前面"是正确的。

进而在 E 的这句话正确、其他 15 种情况全错的情况下，便可以很容易推知在这次比赛中得第 1～8 名的顺序依次是 F、B、D、E、G、A、H、C。

方法二，假设这 16 种情况都是假话，反过来听就是正确的了。得出以下结论：

（1）B 不是第一名，G 在 A 前面（记 G>A，下同）；

（2）E>G，D>H；

（3）H>C，F>D；

（4）D 不是第二名，C 是第八名；

（5）E>F，B>E；

（6）A 不是第一名也不是第二名，E 是第四名；

（7）没有人同时到达终点，D>G；

（8）A>H，B>D；

综上可知，C 是第八名，E 是第四名。

G>A>H>C；

F>D>H>C；

B>D>G；

B>E>G。

由此，G是第五名，A是第六名，H是第七名，B是第二名，D是第三名，F是第一名。（5）中的E>F不成立，即E说的"我不在F的前面"是正确的。

第155关 水果的顺序

后排：梨、橘子、桃、李子、樱桃、枇杷、柿子、杏子、木瓜、石榴。

前排：橙、西瓜、香蕉、黑莓、草莓、树莓、柠檬、芒果、油桃、葡萄。

第 156 关 猫和鸽子

李夫人的猫吃了钱先生的鸽子。

我们分析一下，赵夫人的猫吃了哪位先生的鸽子。赵夫人的猫吃的不是赵先生的鸽子。赵夫人的猫吃的也不是钱先生的鸽子，否则，钱夫人的猫吃的就是陈先生的鸽子，事实上，钱夫人的猫吃的是赵先生的鸽子。赵夫人的猫吃的也不是陈先生的鸽子，否则，陈先生的夫人就会是赵夫人。赵夫人的猫吃的也不是李先生的鸽子，否则，赵先生的鸽子就会是被孙夫人的猫吃掉的，事实上，赵先生的鸽子是被钱夫人的猫吃掉的。因此，赵夫人的猫吃了孙先生的鸽子。

这样，李夫人的猫吃的或是陈先生的或是钱先生的鸽子。李夫人的猫吃的不是陈先生的鸽子，否则，李夫人的丈夫就会是孙先生。所以，李夫人的猫吃的是钱先生的鸽子。

第157关 野炊分工

老大洗菜，老二淘米，老三烧水，老四担水。

老大、老二、老三都不担水，所以老四担水。

老四担水了，所以老大洗菜。

老三不淘米，所以老二淘米，老三烧水。

答
案

第158关 谁是冠军

D 是冠军。

假设甲的预测是正确的，那么丙的预测也是正确的，不符合题意。

假设乙的预测是正确的，那么他认为冠军是 C 或 D；丙的预测是错误的，他说 D 不是冠军，综合乙和丙的预测，D 是冠军。

假设丙的预测是正确的，那么他认为冠军是 A、B、C 中的一人，而甲的预测错误，那么冠军不会是 A 或 B，乙的预测错误，那么冠军不会是 C 或 D，他们之间是矛盾的，不符合题意。

综上所述，D 是冠军。